Xavier Péron

Retour à la Vie

Messages d'un Maasaï à l'Occident

Collection

« Les Regards de l'Autre »

Tandis qu'on veut imposer aux nations le modèle occidental d'un « nouvel ordre mondial » et tandis que se répand à travers les peuples, une seule « culture de marché », il est grand temps d'être attentif aux regards de l'Autre, c'est-à-dire aux paroles de celui qui ne pratique pas encore les mêmes jeux de langage, les mêmes jeux formels, afin de nous enrichir intérieurement de l'identité que nous en recevrons et, redevenir des hommes libres.

Du même auteur

L'Occidentalisation des Maasaï du Kénya, Paris,
L'Harmattan, Essai, 2 volumes,
336p. et 314 p., 1995.

Maasaïitis, Blanc Silex, Témoignage,
333 p., 2003.

Sagesse Maasaï, Blanc Silex,
67 p., 2004.

Je suis un Maasaï, Paris, Arthaud,
coll. La Traversée des Mondes, Récit,
343p., 2007.

Maasaï, Peuple d'espoir, Éditions Monde Global,
Témoignage,
307 p., 2007.

L'Etre à Voir - La Résistance intérieure des Maasaï,
Editions Retour à la Vie, Beau-Livre, Photographies,
37x26, 244 p., à paraître 2009.

Sagesse Maasaï - Éditions Retour à la Vie,
à paraître 2009

Filmographie:

Maasaïitis, documentaire de 52',
coréalisé avec Cédric Klapisch, Canal+, 1991.

Maasaï, Terre interdite, document-quête de 52', coréalisé avec Kristin Sellefyan, Dev-Tv, TSR, 2006: Prix du Public du Festival-des-7-Laux Pastoralisme et Grands Espaces 2006; Prix Etoiles de la SCAM-Etonnants Voyageurs 2008.

Pour en savoir plus : **www.xavierperon.com**

En projet :
film long métrage tiré de «Je suis un Maasaï».

Photographies de Xavier Péron

ISBN 978-2-918427-00-01

À ma fille Gabrielle,
à son parrain Marc Bernol,
à Kenny Matampash,
pour que l'Occident se relie
de toute urgence
à Enkaï,
aux lois cosmiques,
au Divin.

Remerciements

Je voudrais exprimer ici ma profonde estime à Joël **Denous**, sans qui ce projet n'aurait pu aboutir.
Parmi les personnes les plus directement impliquées ou concernées par mon travail, je tiens à remercier également :
Marc Bernol, président de l'association « Retour à la Vie », qui, inspiré comme jamais par la lumière Maasaï, en a effectué la mise en page, Véronique Gossard dont je ne suis pas prêt d'oublier l'extraordinaire dévouement à la cause Maasaï, Nadine Cleuziou, Vincent Doucet, Bernadette Bronne et tant d'autres merveilleuses personnes placées sur mon chemin.

À tous je leur dis, avec Kenny : *ASHE NALENG* (Merci de tout cœur)

Note de l'auteur

Kenny nous adresse neuf messages, il nous parle en neuf étapes comme à travers les neuf états de leur Initiation, mais aussi comme en numérologie sacrée, pour bien nous signifier que le hasard n'existe pas. Je ne vous surprendrai donc pas si je vous dis qu'en numérologie maasaï, le neuf est le nombre le plus sacré qui soit, qu'il symbolise l'Esprit de la communauté et la plénitude individuelle, représente l'activité de groupe dans l'implication de tous et la joie, qu'il est enfin à la fois un aboutissement et un nouveau départ dans/avec la Lumière.

Depuis 50 ans, des voix s'élèvent partout dans le monde pour affirmer que le 21ème siècle sera celui de l'amour ou celui de la mort, qu'il sera spirituel ou ne sera pas, qu'il sera mystique ou ne sera pas, qu'il sera écologique ou mortifère... Le 21ème siècle sera admirable, écologique et spirituel.
La conscience s'affichera. Elle a commencé. Le peuple Maasaï aura pris sa part.
Grâce à l'essence sans plomb (permise par l'Union européenne), on ne rejette plus de plomb dans l'atmosphère depuis près de 20 ans. L'ozone stratosphérique pourrait bientôt retrouver son niveau de 1980 : l'interdiction de gaz nocifs, les CFC, par le protocole de Montréal, il y a 22 ans, s'avère, là, payante.
Le progrès de la lutte anti-dopage est aussi une victoire de la conscience.
La fin de l'Apartheid , des juges qui affirment leur indépendance, des journalistes qui informent des faits, les écolieux de plus en plus nombreux, l'essor du bio partout, les baleines protégées par une loi en 1986, la chasse à courre abolie au Royaume-Uni, le succès des médecines douces, les rassemblements alternatifs... L'interdiction de fumer qui se généralise, Paul Wolkowitz exclu de la Banque Mondiale pour prime à sa compagne, les excuses publiques de Dominique Strauss Kahn pour infidélité..., l'abandon du sac plastique, la Californie qui attaque les constructeurs automobiles, les publicités avec notation sur les cinq fruits et légumes quotidiens, le succès de Al Gore, Nicolas Hulot et de Yann Arthus Bertrand, l'Egypte interdit l'excision en 2007, l'Australie qui reconnaît en 2008 le mal fait aux Aborigènes. Le parlement du Rwanda voit cette année-là plus de femmes élues que d'hommes ! Les problèmes de la flamme olympique et des J.O de Pékin sont encore une preuve des consciences qui s'élèvent. General Motors veut se débarrasser des 4X4 Hummer, 3 tonnes, de plus en plus délaissés par les consommateurs américains.
L'élection de Barack Obama !...
L'accroissement des salaires dans les pays émergents, la taxation écologique des transports internationaux réduiront les différences de prix de revient.
En 1830, l'ouvrier travaillait 3 000 heures pas an, aujourd'hui 1 700.

Bref, la conscience avance. Les idées aussi.

Alors que des faits prouvent que l'être humain est capable d'atteindre les plus hauts sommets de l'amour, du courage, de la créativité et de l'intelligence, trop

d'entre nous sont encore de médiocres guerriers permanents. De gré ou de force, nous cesserons d'être des caddies déambulants.
Dans la nouvelle culture, l'être humain apprendra à se nourrir de pureté. Je pourrais dire, se nourrir de vertus. Toutes les autres nourritures produisent des déchets qui finissent par empoisonner l'organisme. Ce qui est pur n'en laisse pas. Lorsque vous faites un feu de bois dans votre cheminée, il faut le lendemain enlever les scories. Nous avons vu que notre organisme est dans ce schéma. Se nettoyer de façon permanente, y compris en désherbant son jardin mental est vraiment nécessaire. La maladie c'est bien la surcharge de déchets.

Notre économie, personnelle et collective, c'est à dire la nôtre et celle des nations, est démesurée et déséquilibrée : elle s'écroulera très douloureusement si on ne change pas le paradigme. Passer de la compétition à la coopération, de la guérison à la prévention, de la croissance économique à la croissance intérieure, de la passivité à l'action. Préférez le mieux au plus.

Devant cette construction méthodique et lente de ce suicide collectif inconscient, le rassemblement actif des quelques éveillés est incontournable. Soit sous forme calme et politique, soit sous la forme d'une insurrection que le philosophe hollandais du 17ème siècle, Spinoza, suggérait déjà ! Comme la Déclaration des droits de l'homme et du citoyen issue de la Révolution française de 1789, mais aussi, comme le suggère un agrobiologiste français d'origine africaine, Pierre Rabhi. Celui-ci appelle à une juste insurrection des consciences.

Quelle est la tache qui doit être accomplie ? Devenir à la fois, acteur et spectateur, jouer dans la pièce tout en y assistant, transformer l'esclave en maître, se défaire de l'ego comme le serpent se débarrasse de sa vieille peau et se fondre dans la force qui nous a donné vie et esprit.

Xavier Péron travaille dans cette mouvance spirituelle afin d'éveiller tous les hommes en recherche et de les réunir par une pensée active. « Retour à la Vie » illustre cette respiration universelle.

Jean-Marc Governatori

Président de la France en Action

Il est grand temps que, venant d'autres cultures, des observateurs, des créateurs, inventeurs de mots, maîtres du langage, maîtres de la croisée des chemins, témoins de l'altérité, aident l'Occident à se reconnaître, en le nommant, en nous disant, à leur tour, qui nous sommes.

Alain Le Pichon

Prologue

Indupa, village de Kenny, (Pays maasaï, Kénya), le samedi 23 Juin 2007, 21:00 heures...

Je suis assis sur le siège rond d'un tabouret en bois. Je fais face à Kenny, lui-même installé à l'identique. Nous sommes tous les deux au centre de l'enclos circulaire de ses vaches, situé au cœur d'un cercle plus vaste, celui de son village. Au-dessus de nous, la voûte céleste est piquetée d'une infinité d'étoiles, tandis que la grosse sphère blanche de l'astre lunaire se lève à l'horizon. Les cloches tintent au cou de ses vaches sacrées, des chauves-souris nous frôlent de leur vol de kamikaze, un chacal jappe, des cigales chantent inlassablement. Je respire un air pur, la nuit est magnifique.

Kenny n'a pas encore prononcé une parole, ses yeux rieurs sont pourtant grands ouverts, prêt à s'émerveiller à chaque instant de la nuit qui commence. Il se dégage de son Silence une expression de clarté, de joie et d'amour. Je suis bien. Comme si le rythme de sa Présence sans mot était celui de la Force de la nature elle-même !

Il y a deux lunes, Kenny m'a écrit une lettre me demandant de venir chez lui au Kénya, afin qu'il me confie selon ses propres termes des « messages de Vie à l'Occident ».

Je connais depuis tant d'années son pouvoir transformateur sur moi et sur les gens en général, son champ de force, grand diffuseur de paix et de félicité, que j'ai instantanément su qu'il s'agissait là d'une mission capitale en ces temps particulièrement difficiles de mutation nécessaire.

Sa main droite vient de saisir l'esiare narok, le bâton de connexion, il dessine sur la terre ocre un cercle, j'appuie sur les deux boutons déclencheurs de mon dictaphone...

1

Les Maasaï sont les libérateurs de la Vie

Isipat engari, mengari iregiei

**Les coutumes ne sont pas partagées,
seules les Vérités le sont.**

Les Maasaï sont un Peuple élu, ils savent qu'Enkaï, Dieu, a tissé un lien particulier avec eux pour qu'ils soient les libérateurs de la Vie dans le monde. Nous sommes à ce jour l'une des rares communautés du Kénya à avoir gardé intacte l'intégralité de nos valeurs spirituelles qui sont à la source même de la Vie et l'inspirent. Notre Dignité, notre Intégrité, notre Amour, notre Humilité, si importants à nos yeux, relèvent directement de notre connexion avec le Grand Tout. Et aujourd'hui que nous avons su continuer de les faire vivre, que nous avons su retenir notre héritage divin, nous en sommes arrivés à ce point central de notre mission divine:

vous sauver et donc nous sauver tous !

Je vais vous expliquer comment redevenir des Hommes, au travers de mes observations qui sont le fruit de mes nombreux voyages, mais aussi en vous révélant ce que nous pratiquons depuis des temps immémoriaux avec en particulier l'objectif commun de savoir vivre ensemble sur la base des valeurs que j'ai citées.

Savoir partager, savoir aimer, se sentir concernés par le bien-être d'autrui, être une source d'inspiration pour chaque être humain en chemin, mettre en application chaque jour les raisons qu'il y a à vivre ensemble. Pas étonnant donc que notre société se soit bâtie sur le concept de voisinage de telle sorte que personne n'ait jamais à souffrir de solitude, le pire de tous les maux pour nous. Un concept dans lequel chacun prend soin de tous. Etre connectés entre nous parce que nous sommes connectés à l'Etre Suprême !

Lorsque nous installons un nouveau village, les aînés décident de son orientation la plus propice, celle qui correspond le mieux à l'Intelligence Cosmique. Il n'est pas posé par hasard. De même, pour l'entrée de nos maisons, les unes font face au nord, les autres au sud, afin que toutes les familles ne fassent qu'Un avec elle.

Si nos maisons et nos villages sont circulaires, c'est pour que nous soyons tous reliés et que nos pensées demeurent en harmonie avec la Source car la pensée juste, positive, est toujours circulaire, et ce lien est l'énergie du monde, nous sommes tous dans la chaîne, d'une famille à l'autre au sein d'un même village, mais aussi d'un village à l'autre, et par extension, dans l'Univers, nous sentons-nous également reliés à toutes les créatures des autres planètes. Nous vivons en conscience.

Dès l'instant où vous négligez ce lien, alors, vous êtes tout seuls, vous êtes complètement desséchés. C'est ce lien qui vous nourrit, comme le cordon ombilical nourrit l'enfant à naître dans la matrice. Ce lien entre la mère et celui-ci, nous l'appliquons à chaque moment présent à notre connexion divine.

Pour qu'elle opère, une longue Initiation est dispensée dès leur naissance aux jeunes gens par leurs pères et leurs mères spirituels.

Quand l'enfant naît, l'Initiation commence dès le premier jour. Toutes les femmes se rassemblent autour de la maman et du bébé à qui elles attribuent un nom, dont la prononciation, la vibration, sont très importantes, et cet instant est un grand moment. En ce jour béni, les aînés sacrifient un bélier à la robe immaculée, pour que la connexion divine l'accompagne tout au long de son bref passage sur Terre et le nourrisse de l'Energie Cosmique. Puis, le papa et la maman lui donnent avec tout leur Amour sa première vache, véritable icône des Maasaï et de leur attachement sacré au pastoralisme, en un hymne à la Vie.

Lorsque l'enfant grandira, cette même vache se multipliera, et dans cette Abondance ressentie, il apprendra les grands principes de Vie et d'Amour.

A l'âge de dix, douze ans, il rejoindra tous ceux de sa génération en un immense et unique village, pour que ses pères spirituels rassemblés en cette seconde phase capitale de son Initiation, le bénissent, lui donnent de précieux conseils et surtout lui transmettent les valeurs et la force pour grandir en tant qu'Etre Humain : comment respecter et honorer l'Autre, tous les Autres, comment respecter son Environnement, comment aimer, comprendre ce qu'est l'Humilité et la mettre en pratique, comment être intègre et le rester, comment être heureux avec ce que l'on a et remercier, louer sans cesse le Créateur...

Tout ce qui concerne l'Humanisation et tout ce qui se rapporte à la Nature et à l'Environnement, sont donnés ce jour-là aux jeunes gens, assis au pourtour d'un cercle gigantesque, par les aînés qui le parcourent neuf fois. Et toutes sortes de bénédictions les accompagnent: ils disent... *Enkaï narok* (« Dieu du Ciel »), *Enkaï enkop* (« Dieu de la Terre »), pour se connecter avec le Pouvoir Cosmique, tandis que les jeunes Initiés regardent alternativement en bas et au-dessus d'eux.

Et cette Initiation durera encore plus de vingt ans, avec les mêmes paroles sans cesse répétées, les mêmes rituels, les mêmes bénédictions, les mêmes codes pour se connecter à Enkaï... Plus tard, tous ces jeunes, sans exception, transmettront à leur tour leurs secrets à une nouvelle génération pour que la Vie continue dans sa perfection.

Cette Initiation est absolument vitale

Pour nous, Maasaï, tant qu'on ne l'a pas achevée, et pire encore, si on n'y est pas entré, on se sent vide, totalement perdu, on n'a plus la connexion divine. Nous savons que l'Initiation est un processus unique par lequel s'engramme l'Humanité dans les cellules de chaque femme et de chaque homme.

Dans le monde perturbé, bouleversé, anesthésié, manipulé d'aujourd'hui, souffle un vent de changement radical destiné à disperser, voire à détruire une fois pour toutes notre précieux héritage, nos Traditions, si chères à nos yeux puisqu'elles nous ont permis de devenir des Etres pour la Paix et des Gardiens naturels de l'Environnement.

Mais le vent ne peut pas nous changer, nous sommes plus forts que le vent, plus forts que le changement, parce que nous possédons de trop profondes racines par le biais de notre Initiation, qui nous ont permis d'être ce que nous sommes, en communication constante avec le Créateur.

Ne sommes-nous pas nous-mêmes des co-Créateurs avec lui ? C'est un fait indiscutable, nous le savons à chaque seconde qui passe. Chaque femme et chaque homme a le pouvoir de communiquer directement avec lui, en tout temps et en tout lieu.

En ce moment, nous expérimentons pour la première fois de notre histoire, la possibilité d'être complètement détruits par l'invasion de nouvelles idées et de nouvelles technologies. Nous sommes mis devant le fait accompli de nouveaux concepts, nous assistons impuissants à l'arrivée de scientifiques mettant au point de soi-disant merveilleuses innovations, d'anthropologues qui parlent de nous en termes froids, de toute une palette d'intervenants occidentaux ou occidentalisés qui y vont de leur petite étude, et pourtant nul ne semble s'intéresser à la dignité humaine en train de disparaître. Et avec elle, l'amour pour ses proches, ses amis, l'Homme en général, et par voie de conséquence, l'amour pour son Environnement, notre Terre-Mère. Qui peut mettre en lumière ce déficit d'attention, si lourd d'effets pervers ?

Seuls le peuvent, et en ont la force et l'envie, celles et ceux qui ont accompli l'ensemble des étapes de l'Initiation et qui demeurent reliés à l'Etre Suprême, or ils sont de moins en moins nombreux !

Je crois que tout ce qui est entrepris dans le monde actuel

vise à nous détruire, à nous anéantir. Le Respect de l'Humain a disparu, le partage et l'échange entre les uns et les autres ont disparu, regardez le monde tel qu'il est devenu, toute cette richesse, et regardez pourtant toute cette misère qui ne cesse de grandir, une seule personne en Europe ou aux Etats-Unis serait en position de sauver les vies de plusieurs dizaines de millions d'enfants, et pourtant, elle n'y pense même pas, pourquoi ?

Il lui manque l'essentiel: l'humanité, son humanité, sa connexion divine et donc l'amour qui pourrait déclencher en temps normal sa réaction pour les sauver, spontanément.

L'urgence selon moi est de poser au monde cette question qui résume tout: pourquoi les Peuples Premiers dont nous, les Maasaï, faisons partie, continuent-ils malgré tout de faire preuve de la même joie de vivre ?

Pourquoi continuent-ils d'être des gens heureux ? Et pourquoi ne craignent-ils pas le pouvoir nucléaire ? Pourquoi n'ont-ils pas peur de la société de consommation et des découvertes de la science ?

La réponse est aussi simple que la question: c'est clairement dû à leur Bien-Etre dont la source n'a jamais été dominée par la passion de l'Avoir, et parce que l'Initiation leur a révélé la force vitale du monde invisible.

C'est ce dont l'Occident manque cruellement ! Chez vous, vous grandissez dans une société dite de consommation où votre But finit inexorablement par devenir *Je Veux Plus, encore*

Plus !!! et vous en venez inéluctablement à vous tuer vous-mêmes et à tuer votre Environnement.

Alors que chez nous, ce qui compte, la seule chose qui compte, c'est de partager et de prendre soin des besoins des uns et des autres, sans que nul n'ait besoin de quémander une quelconque aide. Et, dans cette empathie réciproque, chaque geste se métamorphose en une envolée d'amour vis à vis de notre Terre-Mère.

Jusqu'à quel point, la science et ce qu'on appelle le développement se soucient-ils de notre Terre ? Jusqu'à quel point, le nouveau Monde est-il relié ? Y-a-t-il encore une véritable Initiation pour construire l'Homme ? Le gros problème, il est là. Le monde a besoin de le savoir, d'en prendre conscience, de prendre conscience de la gravité de ce choix: l'Etre ou l'Avoir, car si vous n'en prenez pas conscience, nous courons tous au-devant d'un désastre humain et écologiquc sans précédent.

Je connais le pouvoir de la science, je sais à quel degré les spécialistes peuvent influer sur les gens, mais je sais aussi qu'il est inconcevable que l'on puisse aboutir un jour à ce qu'ils veulent, c'est-à-dire transformer l'Homme et sa noblesse en un vulgaire objet, une marchandise comme une autre. Je m'y opposerai jusqu'à mon dernier souffle.

Les Maasaï ont la Connaissance

En particulier, sur le savoir-vivre ensemble dans la Paix et le respect de toute forme de vie. En fait, en ces temps de destruction massive de la Nature et de ses espèces, l'Environnement demeure plus que jamais pour nous ce qui nous relie et ce qui nous connecte au Grand Tout. C'est pour nous la grande priorité actuelle, car si l'Environnement continue d'être maltraité à cette cadence infernale, ce sera la Fin. J'en ai pleinement conscience depuis ma naissance, et les Maasaï iront jusqu'à se sacrifier pour l'éviter.

En Occident, les scientifiques se réunissent pour discuter encore et encore des causes des changements climatiques. Mais, de quels changements s'agit-il ? Nous avons modifié le climat, nous avons modifié l'Environnement ! Ce sont les Hommes qui ont fait cela.

Pourquoi l'ont-ils fait ? Parce qu'ils n'ont pas compris le sens profond de ce qu'était l'Environnement. Pourquoi ne l'ont-ils pas compris ? Parce qu'ils n'ont pas reçu d'Initiation. Parce qu'ils ont grandi sur un plateau d'argent et qu'ils n'ont jamais réellement grandi au contact de la Nature et de ses mystères. Ils ne l'ont jamais connue que virtuellement, mentalement, par le prisme froid de la raison, et non pas avec le cœur et les sentiments issus du vécu intime avec elle.

Nous disons d'un homme guidé par son mental, qu'il ne peut devenir qu'une brute épaisse ! Voilà la raison pour laquelle il n'a aucun état d'âme à détruire et à polluer autour de lui.

Je vous en conjure, revenons à l'Essentiel. Si nous parlons des changements du climat, alors commençons par mettre en lumière le positionnement des Peuples Premiers. Plaçons-les au centre du dispositif. Ils sauront éclairer le monde malade sur l'incroyable Vérité qui les a maintenus en vie -malgré le sort peu enviable que la machine moderne leur réserve-: leur Connexion divine à la Nature.

Et j'en reviens toujours à l'Initiation parce que l'Initiation, c'est la croissance d'un Etre Humain, sans elle, on ne peut jamais l'être, et toute sa vie, on est condamné à courir après le vent, à combler ce vide insupportable.

J'ai besoin d'éveiller les consciences, car je crois que le monde est inquiet. Pourquoi n'arrêtons-nous pas quelque temps pour réfléchir ensemble à ce manque et aux ravages qu'il provoque ? Demandons-nous:

en quoi faisons-nous fausse route, pour quelle raison obscure, concertée ou voulue, refusons-nous obstinément d'obéir aux lois de la Nature, aux lois cosmiques, à la force vitale qui, en nous, les reflète ?

D'aucuns diront qu'il est trop tard ! Il n'est pas trop tard. Parce qu'il y a un peu partout dans le monde des poches lumineuses de résistance, à commencer par les Peuples Premiers, qui, pacifiquement, se battent pour vous ramener au centre de votre véritable chemin, celui qui vous appartient, pas celui sur lequel vous vous êtes égarés, par défaut ou par désinformation. Et ils commencent à vous poser des questions très directes, très personnelles, parce qu'il y a urgence:

pourquoi agissez-vous de cette façon, alors que c'est ce qui est en train de vous tuer ? Pourquoi vous plaignez-vous sans cesse de ceci ou de cela, alors même que c'est à l'intérieur de vous que tout se passe ? Pourquoi ne pas l'admettre ?

Après tout, c'est vous qui avez peur, personne d'autre à votre place ! C'est à chacun de vous qu'il revient de vous transformer pour ne plus avoir peur.

Il y a de par le monde, des Peuples qui ont gardé la Connaissance, il y a des femmes et des hommes qui sont heureux de vivre, or c'est ce Bonheur que l'on cherche à détruire alors que le Bonheur, c'est la Vie ! Réfléchissons et parlons franchement, sans détour, il est encore temps, même si une majorité de gens aujourd'hui se battent pour le Pouvoir, pour la puissance matérielle, pour la reconnaissance. Mais au fond de vous, mes tendres amis que j'aime d'une si grande affection, vous savez que tout ceci n'est qu'illusion ! Et vous vous demandez :

est-ce vraiment ainsi que le monde doit être ?

Moi, je vous réponds que non, bien sûr. Le Monde doit recouvrer avant toute chose sa capacité à être à l'écoute de ses pouvoirs supranaturels. Et je puis vous affirmer que ce sont à ces sources-là que je m'abreuve au quotidien, que ce sont ces pouvoirs qui me guident et me donnent la Lumière dans mes actions aussi bien que dans mes silences.

Je suis allé à l'école, à l'Université, j'ai parcouru le monde de long en large, et pourtant, loin de chez moi, je n'ai jamais été heureux. A chaque fois que je vais à Londres, New York, Paris,

Genève, etc. j'éprouve de l'effroi, de la compassion, beaucoup de compassion, mais de celle qui vous rend impuissant. Je vois le feu embraser toujours plus une planète à la dérive, une planète qui ne tourne plus rond ou plutôt une planète qui avance à l'exact opposé de là où elle devrait aller.

Le Bonheur n'existe plus dans ce monde artificiel.

Bien sûr, l'abondance matérielle est omniprésente, on ne manque de rien, mais il y a surtout de la tristesse, du chagrin, dans les yeux de la plupart des gens que je croise. Et à chaque fois que je rentre au pays, dans mon village, je me sens si bien, si heureux, si réconcilié, l'Espoir subsiste bel et bien là d'où je viens, là où j'appartiens, définitivement, alors que l'Espoir a disparu en dehors. Dans tous ces pays dits riches, les individus portent des masques pour prétendre être encore des hommes, mais si vous parvenez à les leur ôter, vous découvrez les vraies personnes qui s'y cachent, des personnes ayant peur de tout ce qui se rapporte à la vraie Vie.

Le masque est la seule richesse qui leur reste, leur seule nourriture qui leur permet soi-disant une vie facile, et pourtant, ils semblent souffrir en permanence d'un mal étrange, comme dans le pire des cauchemars.

Dans les grandes métropoles occidentales que j'ai visitées, vous prenez le métro, le bus, le tram, vous allez dans les grands magasins, qu'y voyez-vous ? Un immense gâchis ! Les gens courent dans tous les sens, la mine préoccupée. La nourriture est morte, l'eau est morte, plus de bonne énergie à y puiser...

Qu'y ressentez-vous ? Un insondable malaise. Vous avez l'impression d'être suspendu en l'air ou de flotter, d'être dans le virtuel, parce que rien ne va dans la bonne direction et que tout est faux.

Alors qu'à la maison, c'est tout le contraire, nous avons peu mais nous sommes nous-mêmes. Nous appartenons à un monde où nous nous aimons les uns les autres, tout le monde rit chez moi. Chacun, petits ou grands, hommes et femmes, exulte d'avoir le privilège de souhaiter la bienvenue à quiconque est de passage dans mon village. Tous vous veulent, tous veulent partager avec vous, tous veulent vous accompagner...

C'est ce que je veux ardemment partager avec vous, parce que je sais que c'est là où est la Vie, où vous pouvez recouvrer votre force, votre liberté illimitée d'Etre Humain, et que, au fond de chacun de vous, tous sans exception, une petite voix vous crie que vous faites fausse route. Je veux vous aider à retrouver ce Bonheur, si simple à obtenir, tellement simple qu'on refuse de le voir. Je veux vous donner une véritable Initiation.

Si l'Occident veut que nous lui empruntions des choses, que nous recevions son instruction, pourquoi refuserait-il de recevoir à son tour quelque chose de nous ?

Vous devez savoir que l'éducation moderne qu'il nous presse d'adopter est particulièrement dangereuse pour nous et piétine nos valeurs fondées sur la dignité et le Bonheur de l'Homme, qu'en un mot, elle nous tue plus sûrement que toutes les armes conventionnelles réunies. Alors, rassemblons nos forces avant qu'il ne soit trop tard, faisons-nous du bien, arrêtons cette fuite en avant stérile, une autre vie est possible: la VIE.

L'Initiation chez nous n'a rien à voir avec du folklore comme on voudrait vous le faire croire, et si elle comporte de si nombreuses étapes sur une si longue période, à compter de notre premier jour sur Terre jusqu'à un âge très avancé, c'est pour permettre à chacun de se renouveler, de revivifier ses valeurs ainsi que de se sauvegarder des influences extérieures néfastes et superficielles.

L'Initiation fait partie de la Vie et, comme elle, ne se finit jamais.

Elle nous permet de communiquer avec l'Etre Suprême, pour recevoir sa Lumière qui nous « ombrage[1] » et nous transmet la force de vivre notre Vie d'Homme.

Je sais que chez vous, l'on parle de notre image avec excitation, les Maasaï, *ils sont si grands, si magnifiques, ils dansent si haut*, etc... Nous ne sommes pas uniquement cela, en fait ce sont là des points tout à fait mineurs, l'unique chose à dire sur nous, l'unique trait qui nous caractérise vraiment

1 (Note de l'Auteur) Contrairement à nous, le verbe ombrager ou faire de l'ombre signifie chez les Maasaï « apporter la bonne Lumière », ou encore « éclairer de ses lumières ». Ainsi, par exemple, un homme qui « fait de l'ombre », c'est un homme qui est respecté pour ses conseils et sa sagesse.

et que vous ignorez, c'est ce que nous nous révélons Etre au travers de l'Initiation. Je me répète, mais c'est le point central de ce que nous sommes, je n'y peux rien, il faut que vous le sachiez enfin. Ce n'est pas ce que nous portons qui nous rend beaux, comprenez-le !

La Beauté, c'est le naturel qui émane de nos cœurs et de nos âmes.

Nos drapés rouges, nos bijoux, ne sont là que pour couronner en quelque sorte ce qui existe déjà au plus profond de nous.

Notre beauté, c'est le reflet de notre âme, tout l'Amour pour les gens et la nature que nous diffusons, et c'est autrement plus significatif que l'éphémère apparence même s'il me semble juste de mettre en couleur la passion pour la Vie qui nous anime.

Les Maasaï pensent sincèrement que des Occidentaux qui porteraient des vêtements ternes tout en étant des passionnés de la Vie, seraient susceptibles de les surpasser en termes de beauté, et ils s'en réjouiraient.

A l'inverse, vous aurez beau porter les vêtements les plus extraordinaires du monde, si votre intérieur reste étroit et confus, la laideur n'en continuera pas moins de l'emporter.

C'est ce que vous avez à l'intérieur de vous qui amplifie la beauté des couleurs que vous portez.

Nous ne considérons pas la beauté de nos bijoux en tant

que telle, mais la beauté de celle ou de celui qui les porte. Dieu ne nous a pas créés avec des bijoux ou des fleurs sur la tête ! De même, la beauté du jacaranda n'émane-t-elle pas de ses grandes fleurs mauves mais de l'arbre lui-même, n'est-ce-pas ?

Pour vous aussi, mes chers amis qui vivez en Europe, ressentez que seul compte votre beauté intérieure pour que vous grandissiez heureux et en parfaite santé, et que vous n'ayez pas honte si vous ne portez pas la dernière marque à la mode au motif que vous ne seriez plus dans le coup !

Mais rassurez-vous, vous êtes dans le coup, vous le serez toujours, à condition d'être vous-mêmes parce que vous avez été créés avec votre beauté.

C'est pour toutes ces raisons que je veux sauver notre Initiation qui, seule, permet et continuera de permettre de construire durablement le « centre » de chaque Etre et le nourrir.

Mes quatre enfants, mes trois fils Kone, Kuntaï, Olchurie, et ma fille Nayianoï, vont à l'école et pourtant, comme moi, recevront-ils une Initiation complète. Elle a commencé dès leur naissance, pour qu'ils vivent naturellement en interaction avec l'Environnement et en harmonie avec leur prochain.

Je suis moi-même passé par là, par toutes les étapes... L'Initiation, à coup sûr, m'inspire chaque jour. C'est grâce à elle qu'une petite voix me guide dans mes choix et m'évite de faire ceci ou cela parce que ce n'est pas juste. Par exemple, lorsque survient une sécheresse, au début, je ressens de l'inquiétude monter en moi: où, quand et comment déplacer mes animaux pour leur trouver de l'herbe et de l'eau ?! Mais, très vite, je m'isole, et je reçois un message qui m'indique avec précision où aller. Je déplace mes troupeaux à l'endroit exact où On m'a dirigé. A chaque fois que cela est arrivé, j'ai obéi et ce fut un succès.

Quand mon Peuple souffre, que ce soit par manque d'eau ou de nourriture, il y a quelque chose en moi qui me dit toujours quoi faire et qui me donne les réponses à des questions pourtant cruciales de survie.

Toutes les fois que je recherche une réponse urgente à un problème, je pars seul dans la forêt et je marche, ou, le soir venu, je me glisse parmi mes vaches et les étoiles. Et je l'obtiens. Je suis les instructions, et je réussis !

C'est au travers de mon Initiation que j'ai développé cette aptitude à recevoir les messages divins.

Supposez que je n'aie jamais étudié qu'au travers des livres, il est évident que je n'aurais pas eu cette connexion et ce discernement.
C'est l'Initiation qui nous permet d'être reliés au Grand Tout, rien d'autre. Lorsque je pars à l'étranger faire des conférences, je ressens très fort que tout a été planifié depuis longtemps, que tout m'est familier.

Les Maasaï croient que le chemin particulier que nous empruntons a été spécialement conçu pour chacun de nous.

Notre rôle se borne par conséquent à accepter de le suivre, c'est tout. Pour cela, le seul impératif c'est de ne pas douter, mais pour ne pas douter,

Il faut être fort intérieurement.

Or, de nos jours, les gens sont devenus faibles parce que leur savoir est superficiel et se borne au matériel et à la Raison.

Chez nous - les vrais Maasaï Initiés - rien n'est artificiel, le Souffle de Vie est engrammé dans nos cellules, nous unissant dans un même cercle qui nous relie à l'Intelligence Cosmique et nous permet de communiquer avec l'Univers et les créatures amies qui vivent sur d'autres planètes.

Nous avons connu la colonisation, et aujourd'hui, l'on parle plus pudiquement de mondialisation et de village global ! Des mots, encore des mots, mais qui continuent de ne pas nous aider du tout. Ce nouveau concept, issu de l'idéologie du développement, est le pire fossoyeur de l'humanité et des Peuples Premiers que nous ayons jamais connu.

Si vous continuez d'ignorer les fondements de la Vie et les liens sacrés qui unissent l'Homme à son Créateur, notre Planète-Terre va continuer de s'égarer. Nous devons chacun revenir sur notre chemin, il n'y a pas d'autre solution, vous aurez beau chercher, il n'y en a pas, nous devons revenir à ce qui nous humanise.

J'ai vu les jeunes gens, dans vos pays modernes, ils sont dans la confusion la plus totale, ils n'ont plus aucune direction, ils ne savent pas où ils vont, chacun ne survit plus que pour lui-même, et pourtant, je ne vois personne s'indigner d'un tel effroyable constat.

Comme si cette confusion était voulue, organisée. Pourquoi?

J'ai écouté leur musique... Moi-même, comme tous les Maasaï, nous aimons la musique et nous chantons beaucoup, mais leur musique !!! C'est à leur image, elle n'a plus de sens car elle a été technologiquement modifiée pour conforter leurs peurs, leur violence et achever de les détruire au lieu de les construire.

C'est terrible pour de jeunes êtres qui n'ont pas encore fait l'expérience de la Vie et n'ont reçu aucune initiation. Ne peut-elle pas être conçue au contraire pour renforcer leurs fondations intérieures et faire éclore leur personnalité, avec les valeurs humaines si chères à mes yeux pour notre survie en tant qu'Hommes ?

La musique est pourtant une forme essentielle de la véritable communication, c'est la Pensée qui vient du cœur, on la joue, on la chante, pour casser la monotonie du quotidien, mais aussi pour conforter notre âme et nous être agréable.

Elle est une exposition au monde de notre intérieur plein d'amour, on l'utilise pour bénir les générations, louer nos vaches, remercier la Terre-Mère, et non pas pour répandre le doute, faire du mal et exposer la part négative de nous-mêmes aux oreilles de nos enfants et de nos grands-parents. Pourquoi ne reviendriez-vous pas aux racines sacrées de la musique dont l'unique but est de donner l'espoir et non le désespoir, d'apporter du bonheur et conforter la Vie ?

Après tout, qu'est-ce-que la Vie ? La Vie, c'est d'être heureux, c'est d'être libre, c'est d'être au contact avec les autres frères humains, pas d'être seul, pas d'être inquiet du lendemain, c'est d'être sûr du contraire, de l'abondance qui coule en chacun de nous.

Vous êtes tous libres, mais combien le sont réellement ? Très peu.

Libre dans le sens non pas d'une libération de quelque chose, mais dans celui d'être dans son entier un Etre Humain, créateur et imaginatif au-dedans de lui-même, pas une entité artificielle menée par les objets, imitant et singeant des personnes que l'on ne connaît même pas.

Une seule personne ne peut exercer son pouvoir sur le monde entier car vous n'êtes pas des objets, vous êtes des Etres Humains, avec un cerveau, un Esprit, une âme, pour vous relier et pour décider. Si l'on devient esclave, c'est uniquement parce que l'on a abdiqué avec son propre pouvoir humain et que l'on a adopté les concepts de quelqu'un d'autre. C'est la Mort, point final. Vous voyez, vous n'avez guère le choix.

J'entends aujourd'hui dans ce que vous appelez le *village global* que l'on parle d'un nouvel ordre économique mondial. Ce n'est pas uniquement une question d'ordre économique.

Le Bien-Etre des gens n'est pas lié à la seule nourriture qu'ils mangent, même si celle-ci est importante, il a plutôt à voir avec le fait d'être heureux, d'être acceptés, d'avoir l'humilité, de se sentir libres, autant de choses qui proviennent du plus profond de soi et non de l'extérieur.

Avant la politique, avant le business, il y a: *qui suis-je ? Que fais-je ? Quel est mon but dans la Vie ?* C'est cela, la priorité.

Que développe en vous ce qu'on appelle l'économie ? L'économie développe la cupidité et encourage l'égo. Et l'égo vous rend insensible et malheureux parce que vous n'apprenez plus qu'à vouloir avoir toujours et encore.

En parlant de nouvel ordre économique mondial, la seule chance qui nous reste de promouvoir les valeurs humaines en train de disparaître à cause de la cupidité mise en scène par l'économie, c'est de reconnaître et de promouvoir l'existence d'un ordre culturel et spirituel traditionnel. Parce que, avec la seule idéologie matérialiste, vous chercherez sans fin à avoir plus, et vous finirez d'une manière ou d'une autre par tenter d'obtenir ce que possèdent vos voisins. C'est un système individualiste effrayant qui ne peut bénéficier qu'à quelques-uns et c'est aussi ce qui assassine notre Terre-Mère.

Malgré tout, j'ai un grand espoir, et je fonde cet espoir

sur vous, c'est-à-dire sur tous ceux qui, individuellement, se sentent concernés par leur véritable Bien-Etre et par celui du monde entier, même si vous êtes à l'école ou à l'université, en train d'étudier de nouvelles choses, car celles-ci demeureront toujours secondaires par rapport à la question centrale du qui suis-je ? Qui est mon voisin? Pourquoi n'est-il pas heureux ? Pourquoi ne le suis-je pas moi-même ? Pourquoi ne suis-je pas gai et souriant ? Pourquoi ne suis-je pas accueillant ?

Pour quelle raison êtes-vous en manque de ces qualités humaines élémentaires ? Posez-vous la question: *pourquoi ne les ai-je plus ? Pourquoi suis-je constamment dans les tracas, à vivre avec la peur du lendemain ?*

Je crois intimement, mes chers frères occidentaux, que la solution pour retrouver le sens de la marche est également individuelle et passe par vous, par votre transformation.

Réfléchissez à ce qu'on a détruit, revenez non pas en arrière mais à l'osmose originelle, notre source intarissable à tous. C'est parce que je m'y abreuve depuis le premier jour que ma Vie est un miracle quotidien.

C'est parce que je me suis toujours senti concerné et respectueux du divin qui est en moi, que ma Vie est un bonheur sans cesse renouvelé.

Par contre, je m'interroge à propos de tous ces gens qui pensent être heureux alors que c'est faux.

Le Bonheur, ce n'est pas avoir plus, mais être en harmonie

avec un environnement sain et un voisinage épanoui, c'est aussi avoir l'humilité de reconnaître la nature et ce qui est là depuis des centaines de milliers d'années, comme le seul monde réel à préserver et à reproduire, au lieu de vouloir à tout prix les remplacer par des choses artificielles.

Vous vous dites sans doute *comment changer tout cela, moi-même, je me sens tout petit ?* Je sais que vous le pensez !

Lors de mes marches en forêt, on m'instruit et on me dit: *oui, Kenny, tu es sur le bon chemin, tu es dans la Vérité ! Un jour, ça arrivera, les choses vont bouger !*

Je vous en conjure, revenez à vos racines ! Faites le vide en vous et méditez, vous recevrez la réponse du pourquoi vous avez tout, en étant pourtant, de plus en plus malheureux !

Nous, les Maasaï, nous ne sommes pas riches, nous ne possédons rien ou presque de matériel, et pourtant, nous sommes les plus heureux de la Terre. Pourquoi ? Sans doute portons-nous à l'intérieur de nous-mêmes quelque chose de spécial, que vous avez aussi, je vous rassure, mais vous l'avez étouffé !

Nous ne nous pressons pas pour accomplir les choses quelles qu'elles soient, nous agissons naturellement, nous n'avons par conséquent jamais à nous en faire.

Posez-vous la question, votre comportement dans la vie, toujours dans le vouloir et dans l'attente, est-il naturel ou artificiel? Vous satisfait-il ou vous angoisse-t-il ? *Je n'ai pas ça ! Je veux ça, je veux ça, je veux ça...!!!* Tout, vous voulez tout ! Mais, trop, c'est trop ! Et quand cela devient le trop-plein, c'est vous que vous détruisez ! C'est aussi ce que la monde moderne est en train de faire, ça va par dessus bord, et ce sont ses vomissements qu'ensuite nous subissons. De telles attitudes sont parfaitement étrangères à nos conceptions de la Vie.

Combien « vouloir » cela vaut-il ? Combien de temps allez-vous vouloir ainsi? Il n'y a jamais de fin. Il n'y aura de fin que si et seulement si vous êtes Heureux. Comprenez-le, le temps est venu.

Si nous avons gardé intacte notre conception de la vie fondée sur la joie et la compassion, c'est pour vous montrer la voie, je le sais, pour vous être utiles.

N'ayez pas peur de vous reconnecter à votre petite voix intérieure qui vous dit déjà tout ce que je dis, mais c'est bon que vous l'entendiez, confirmé en quelque sorte, de la bouche de quelqu'un d'étranger à votre milieu.

L'excès en tout n'apporte jamais rien de bon, c'est seul l'équilibre, visible dans l'infiniment grand et l'infiniment petit de la nature, qui vous sortira de l'impasse dans laquelle vous vous êtes mis tout seuls.

L'unique chose que vous ayez à faire est de respecter ce qui a toujours été, et de laisser ainsi la Création s'opérer, telle qu'elle existe, car tout a été prévu par le Grand Tout, ce n'est ni vous ni moi, c'est juste là, et il ne vous laissera jamais tomber, il ne vous laissera jamais seul. Vos ennuis et vos doutes disparaîtront et, pour vous aider, se mettront en oeuvre toutes sortes de choses, et tout ce que vous avez rêvé de faire, vous pourrez l'entreprendre aves succès, ce sera l'Abondance !

Pour cela, une seule condition, vous engager intérieurement à arrêter la fuite en avant et à adopter la loi de l'équilibre en toute chose. Ce que je vous dis là, j'y ai toujours cru parce que j'y suis passé, je l'ai testé et ça a marché. Maintenant, je veux que vous réussissiez à votre tour.

Autrefois, lorsque j'étais au lycée, je me souviens que je devais lire et apprendre par cœur des matières scientifiques comme la physique, la chimie, la biologie, et je m'interrogeais avec stupéfaction *qu'est-ce-que tout ceci ?*, me demandant soudain si ce n'était pas le plan concocté par une nouvelle puissance occulte destinée à prendre le pouvoir à la place de l'Etre Suprême que la Tradition maasaï m'avait appris à respecter !

Et, j'ai voulu quitter l'école sur le champ, subodorant que je partirais inéluctablement sur un autre chemin, pas le mien mais sur un chemin cauchemardesque, me sentant violemment démembré, déconnecté.

Simultanément, quelque chose en moi m'a retenu, une petite voix m'a instruit du contraire: reste ! Continue l'école ! Et je suis resté, et, à chaque fois que je revenais à la maison, j'étais baigné d'amour, ce qui me rassura et me donna une détermination supplémentaire: je n'étais pas perdu, j'étais toujours Relié, quelle que fût l'éducation reçue, à l'ouest, au sud, etc.

Et c'est facile pour moi de le transmettre aujourd'hui à mes enfants, parce que je ressens en moi l'équilibre, je suis équilibré, je parviens à mettre en équilibre tous les apports de la Vie, bons ou mauvais, traditionnels ou modernes.

L'éducation moderne est si manipulatrice et si permissive qu'il est quasiment impossible pour la personne manipulée de voir qu'elle s'est placée dans un piège, alors que dans l'Initiation que nous recevons, il n'y aucune ruse, c'est quelque chose de spiritualisé qui vient d'En-Haut, c'est quelque chose d'humain qui s'oppose à toute forme d'oppression, d'exploitation, et qui inspire la Vie à travers l'expérience. Cependant, n'ayez crainte, mes tendres lecteurs, la Lumière et l'Energie Cosmique rétablissent constamment la juste harmonie !

Au Kénya, il existe de nombreuses communautés qui ont perdu l'équilibre pour avoir rejeté leurs racines. Tous ces gens ne sont plus africains et ils n'ont pas réussi non plus à s'occidentaliser, je les compare à des chauves-souris qui sont ni des oiseaux ni des mammifères. Ils ont abandonné leurs valeurs spirituelles profondes, leur culture, ont tenté d'adopter les valeurs occidentales, n'ont pu les assimiler et en fin de compte n'ont pu revenir non plus à leurs racines: ils sont restés suspendus, têtes en bas. C'est précisément ce que les Maasaï rejettent avec force.

Nous voulons que vous compreniez l'importance d'avoir des racines. Les racines sont notre seule chance de survie, notre seule chance à tous sur cette Terre.

Ce ne sont pas les racines en tant que telles qui sont importantes, mais les valeurs comme l'amour, la dignité, l'humilité, le respect, qu'elles permettent de faire croître en l'Homme. C'est Universel, pas seulement maasaï. Et vous pouvez tous y arriver.

Individuellement, dites simplement Oui ! Dites oui ! je veux m'enraciner, m'équilibrer. L'Intelligence Cosmique fera le reste. Et c'est le monde entier qui changera. Ce n'est pas une utopie.

En lisière de la Forêt de l'enfant perdu.

Rasage rituel de Takuna,
frère adoptif de l'auteur, par son épouse.

Cérémonie de la «Plantation».

Xavier Péron
et une jeune femme de la Forêt-de-l'Enfant-Perdu.

2

L'Homme n'est pas une pierre-qui-roule

Oi meningisho nkiri, nememe

La chair qui n'est pas douloureuse, ne ressent rien

Je ne vous demande pas d'arrêter la course du temps. C'est juste qu'il vous faut vous arrêter un instant de courir, un tout petit instant, afin de réfléchir à l'impérieuse nécessité de vous transformer. Et cela, vous pouvez le faire dès maintenant, vous pouvez agir sur votre temps à vous. Pourquoi attendre davantage ? Vous n'êtes pas une pierre-qui-roule ! Ayez la modestie de vous interroger: *que se passe-t-il ? Je ne vais pas bien ! Les choses ne tournent pas rond !* et de répondre j'en suis sûr: *oui, c'est vrai, la direction que j'ai prise n'est pas la bonne, je dois en changer...*

Ce que je vous demande là est particulièrement efficace, croyez-moi, l'heure n'est plus au compromis avec le monde moderne qui vous étouffe. Pensez à vos enfants, à la nourriture que vous leur donnez, au lavage de leurs cerveaux via la télévision et les jeux vidéos, autant de pièges pour les vider de leur Etre et les habituer à avoir peur, à avoir de la haine envers l'Autre, à être seuls et finalement désespérés. Une fantastique tempête s'apprête aujourd'hui à s'abattre sur le monde, et je sais au fond de moi que si nous ne réagissons pas ici et maintenant ce sera un Désastre absolu. Je le vois venir !

C'est pourquoi *Enkaï*, l'Etre Suprême, me donne à la seconde où je vous parle l'occasion de vous redonner l'espoir de changer le cours des événements pour éviter les drames en respirant enfin à votre pleine mesure. Il m'adresse un message pour que je vous éveille et que nous éteignions le mauvais feu ensemble.

Le développement doit désormais inclure des éléments-clés de spiritualité et d'humanité pour sauver l'Homme de l'extinction. Car nous en sommes arrivés là, c'est aujourd'hui une certitude.

Changeons des tas de choses sur tous les plans pour revenir à la Réalité. Il convient non pas de modifier un aspect ici ou là, non, ce dont il s'agit aujourd'hui, c'est de se changer radicalement soi-même afin que changent de fond en comble le Politique, l'Economique, les mécanismes sociaux qui ne font que vous refléter, de sorte à ce que le monde entier se réajuste enfin aux seules vraies valeurs qui vaillent, l'Humilité, le Respect, l'Amour et la Joie...

Parce que ce qui se passe devant nos yeux est actuellement tout le contraire. Soyez conscients que quoique vous produisiez aujourd'hui, c'est toujours plus de poison. Qu'allez-vous décider de faire ?

Pour l'heure, vous semblez être sans réaction, et sans doute pour vous donner bonne conscience, vous vous dites qu'on vous force à accepter l'inacceptable.

Mais sachez que personne ne vous a jamais forcés à quoi que ce soit, et que vous êtes libres à tout moment de dire Non à la pollution et à l'empoisonnement.

C'est à vous de choisir, mes chers amis ! Si vous acceptez cette situation, n'est-ce-pas surtout parce que vous avez accepté qu'on vous prenne votre cœur, votre âme et votre Esprit ? C'est pourquoi vous avez peur que ce ne soit pas possible, vous craignez de ne pas y arriver tout seuls ! Mais vous n'êtes pas seuls, ne vous découragez plus, prenez une décision, faites le premier pas, et les forces cosmiques vous conforteront dans ce choix inéluctable tant que vous ne douterez pas. Immédiatement.

Je ne peux pas me contenter de rester assis et d'assister sans rien faire au chaos programmé. Je vous en prie, le seul parti politique qui vaille que vous vous y consacriez corps et âme, c'est le souffle intérieur de l'Homme, ce sont les forces vives de la Vie qui sommeillent en vous et qui ne demandent qu'à se renouveler à votre guise pour vous prouver que chaque jour qui passe est un jour magique. C'est cela le vrai changement, la vraie révolution. Oui, vous pouvez commander à chacune de vos cellules de travailler en direct à la transformation de votre Etre, je vous y invite dès maintenant ! N'attendez plus... Tout est possible, si vous le désirez vraiment !

Imaginez un peu: lorsque vous aurez atteint un certain niveau d'éveil et de construction, vous ne ressentirez absolument plus le besoin de changer le monde qui n'est rien d'autre que l'autre face réactive et violente de votre non agir pour vous-mêmes, de votre apathie à être vous-mêmes. Et alors, ce sont les lois de l'attraction qui prendront le relais, vous n'aurez pour ainsi dire plus rien à faire, du moins dans le forcing, les choses opèreront d'elles-mêmes de façon évidente et harmonieuse, les gens viendront vers vous, vous poseront des questions, auront à leur tour l'irrésistible envie de se transformer.

Chez nous, je dois vous avouer que l'Homme le plus respecté, j'ajoute que ce peut être indifféremment une femme ou un homme, est celui qui n'a plus besoin, pour convaincre une assemblée, de recourir au verbe, aux discussions sans fin et aux interminables palabres, mais dont la seule Présence suffit à ce qu'opère une prise de décision efficace, paisible et harmonieuse. Une personne qui ne parle pas mais qui dégage tellement d'Amour qu'à son contact on se recharge et on donne le meilleur pour nous élever à notre tour et tendre vers la perfection !

Si vous percevez le Dieu qui est en vous, tout changera d'un seul coup, car nous sommes tous des canaux de sa plénitude, celle-ci ne demande qu'à couler à flots, tout ce qui vous reste à faire par conséquent, c'est de l'accepter et de lui dire merci, ce n'est pas très compliqué tout de même ! Ne vous détournez jamais de votre chemin intérieur, celui qu'Enkaï vous a confié à votre naissance, et plus vous cheminerez avec patience vers votre objectif principal de vie, plus vous aurez confiance en vous, en la Vie, et plus l'abondance frappera à votre porte, ce sont les Maasaï qui me l'ont enseigné, alors pourquoi pas vous ? Et n'oubliez pas une chose décisive pour que votre vie soit toujours plus lumineuse et toujours plus légère:

sachez vous retirer au moins une heure par jour dans le silence pour vous recharger sans compter des bienfaits du soleil et des arbres, et surtout ne gaspillez plus votre temps à vous préoccuper de ce que le monde pense de vous!

Kenny Matampash Ole Meritei

3

La femme est la mère de tout ce qui est

Kinder olemodaï,
pe kintoki olengeno

Nous sommes stupides au début,
puis l'expérience nous rend sages

Beaucoup chez vous ou même ici au Kénya croient que nous, Maasaï, ne reconnaissons pas les femmes ou ne les respectons pas ! Non seulement ce n'est pas vrai, c'est même tout le contraire. Tout d'abord, le nom générique que nous attribuons à la femme, c'est Enkitok, c'est-à-dire le plus grand, le plus puissant, le plus précieux.

Cela veut dire que pour nous, la femme est la colonne vertébrale de la famille et donc de la société.

La femme est la mère de tout ce qui est.

Elle est la mère de tous les pères, de tous les enfants, de tout le monde, en fait. Lorsque les enfants et les maris franchissent chacune des nombreuses étapes de l'Initiation, c'est elle qui est au centre, aux commandes. A commencer par le jour de la naissance, où c'est la maman qui ordonne la tenue de la cérémonie du nom.

Un enfant qui n'a plus de parents ne peut pas être initié, savez-vous que la première chose qu'il fait alors est de partir en quête d'une marraine et non pas d'un parrain ?

Cela montre combien la femme est centrale chez nous. La femme, c'est le début de la Vie. Je m'oppose absolument à ce cliché selon lequel les Maasaï l'ignoreraient, voire la mépriseraient.

En fait, selon nos valeurs profondes, la femme est de loin le membre le plus puissant de notre société. C'est elle qui allume le premier feu dans une maison, et vous savez, le feu, c'est la Lumière, c'est la Vie. La femme, c'est l'utérus de la famille, une famille sans une femme, sans une maman, n'est plus du tout une famille, n'est plus rien en fait. Alors, pourquoi ces rumeurs d'infériorité et de rôle subalterne laissés à nos femmes ? Chez moi, chez nous, les femmes sont heureuses de vivre, j'ose le dire, elles sont gaies, elles exultent, elles ont un sens de l'humour très développé...

En Occident, les femmes ont-elles encore de la joie dans leurs cœurs ? Il y a sans cesse cette question si préoccupante de la prise de pouvoir, *nous voulons l'égalité, la parité*, fort bien, mais qu'en est-il de la qualité première de la femme ? Pour nous, le point essentiel de l'*Enkitok*, celui d'être une mère, est plus que suffisant pour affirmer haut et fort que cette personne a une position supérieure à celle de n'importe quel homme ! Mais elle ne le revendique pas bien sûr, tout est basé sur l'entraide, naturellement.

Chez vous, vous pouvez vous marier pour deux heures et divorcer à la troisième. C'est fou, non ? Vous ne pouvez pas faire ça. Ce n'est pas pour autant que dans nos villages, on peut forcer quelqu'un à rester avec son conjoint s'il ne le désire plus, ce n'est pas du tout ainsi que cela fonctionne. Le relationnel chez nous lié à notre système d'intégration sociale toujours bien en place vient instantanément à la rescousse pour aider les époux à renouer le dialogue. Pour cela, on a besoin d'un voisinage attentif et plein d'amour désintéressé. Ceux qui nous critiquent l'ont précisément perdu et veulent à tout prix nous l'enlever, nous enlever notre point d'équilibre. Quoi qu'il arrive, nous le garderons, et je vous invite à me rejoindre dans ma perception car je sais qu'elle est la plus favorable à l'épanouissement des relations entre l'homme et la femme.

Mes amis, le temps est venu de vous détendre, de laisser de côté votre mental, vos idéologies, toutes vos idées préconçues, et d'abandonner cette pensée assassine selon laquelle l'un est supérieur à l'autre, cette idée selon laquelle puisque la femme a été opprimée par l'homme, elle doit désormais le dominer. Placez-vous plutôt avec joie dans la position d'être des partenaires complémentaires, vivez en constituant de vraies paires à l'instar de tout ce qui se passe autour de vous dans la nature et dans le cosmos où, par exemple, la nuit, la lune remplit inlassablement sa tâche complémentaire par rapport à l'oeuvre diurne du soleil: chacun agit à égalité et en parfaite harmonie.

Je vous en prie, arrêtez avec cette dichotomie. Quand on commence à dire je fais plus que toi ! c'est clairement un autre piège pour blâmer quelqu'un d'autre: je suis ce que je suis à cause d'untel ! Non, soyez vous-mêmes ! Il est évident que lorsque l'un juge qu'il est traité comme un inférieur, il commence à se battre, il crée de l'inimitié, de la haine, le couple n'en finit plus de se haïr.

Chacun campe sur ses positions et dit à l'autre, devenu un ennemi, tu dois faire ça ! Mais l'autre, à juste titre, ne le fera pas, bien sûr. Vous le faites parce que c'est dans votre cœur et que c'est un appel de vos sentiments... De grâce, équilibrez les choses.

L'équilibre, c'est la complémentarité.

Redevenez des partenaires complémentaires !

Reliez-vous l'un à l'autre en réintégrant le cercle. C'est parce que vous vous êtes mis tous les deux dans le rang, en ligne droite, l'un derrière l'autre, qu'il y a eu la perte du lien et que vous n'avez eu de cesse de vous dégager l'un de l'autre. Vous ne pourrez pas être complémentaires si vous êtes séparés, si vous vous sentez loin de l'autre.

Vous vous apprécierez lorsqu'à nouveau vous serez ensemble dans le cercle, en partageant, en jouant et en dialoguant. Et une fois que vous vous apprécierez, vous vous sentirez tellement forts, tout le contraire de ce que vous ressentez lorsque vous faites tout tout seuls et que vous commencez à penser mal... La complémentarité, ce n'est pas ce que l'on vous apprend à l'école, ce n'est pas quelque chose que l'on cherche à avoir, ce n'est pas un concept scientifique où l'on doit analyser et prouver les choses, non, la complémentarité est tout au contraire naturelle, elle provient de l'intérieur de vous, elle est la conséquence de l'Amour.

Et puisqu'elle est liée à votre intimité au plus profond de votre âme, pas de conflit possible, aucun risque de ce côté-là, croyez-moi ! Partager les rôles ne voudra alors plus dire que ça vire à la catastrophe, partager les fonctions signifiera que l'un reconnaît spontanément et dans la joie que l'autre a les compétences pour le faire sans que pour autant il le regarde ni comme quelqu'un d'inférieur ni comme quelqu'un de supérieur. Ce qui signifie aussi qu'une femme peut être présidente d'un pays, pilote de ligne, avocate ou médecin, si elle a de meilleures compétences qu'un homme. Nous sommes tous cocréateurs, ne l'oubliez pas ! Vous pourrez toujours remplir les rôles que vous désirez, à condition que vous en ayez les compétences, que ça vienne de votre cœur et que ça corresponde à votre chemin.

4
Réapprenez à vivre par paires !

Erisio Ilmaasaï o Enkaï

Les Maasaï et Dieu sont égaux

Je me souviens du jour où j'ai été choisi pour aller à l'école comme si c'était hier. C'était au temps de la colonie. Il pleuvait des cordes, la police était partout dans le village inondé de mes parents. L'un d'eux m'a pris violemment par le bras pour me comparer à la taille de son fusil, j'étais plus petit bien que je fisse tout pour me rehausser, je fus donc sélectionné pour partir sur le champ dans un pensionnat. Je revois encore le regard perdu de ma maman ainsi que les yeux embués de larmes de ma sœur Konina et de mon frère aîné Tarayia. Ils ne cessaient de répéter Kenny est perdu, *Kenny est perdu, le monde des Blancs nous l'a enlevé, nous ne le reverrons plus jamais !!!...*

Avec le recul, je réalise aujourd'hui combien, au vu de ce que l'éducation moderne a apporté depuis à notre planète, le développement, les maisons permanentes en dur, la pollution, les menaces nucléaires, les découvertes scientifiques toutes plus aliénantes les unes que les autres, mes parents, mes frères et sœurs, avaient reçu ce jour-là un message fort du Grand Tout: *notre enfant sera broyé dans un enfer destructeur qui nous est étranger et qu'on refuse catégoriquement !*

Chaque jour depuis lors, je me remémore les expressions affolées de leurs doux visages, je ne les avais jamais vus ainsi, mais chaque jour aussi, je remercie *Enkaï* , l'Etre Suprême, de m'avoir permis d'y aller sans être emporté et surmonter cette terrible épreuve sans me perdre.

N'est-ce pas aussi ce qui me permet aujourd'hui de vous parler sans détour et de m'adresser directement à votre cœur et à votre âme: *quelque chose ne va pas, arrêtons de jouer la comé-*

die !? Je remercie même *Enkaï* d'avoir été arraché à ma famille pour aller à l'école afin que je sois désormais en mesure de dire ce que je ressens vraiment à propos de la situation mensongère dans laquelle les soi-disant progrès technologiques nous ont mis. Je veux mettre mon expérience qui a commencé en ce jour béni de pluies diluviennes, au service de votre changement, de votre équilibre.

Je ne dis pas que tout est mauvais dans l'éducation moderne, je dis seulement qu'il devient urgent d'équilibrer les choses qui jusqu'ici n'ont jamais penché que d'un côté. Vous savez ce qu'il advient d'un bateau dont la marchandise a été entièrement entreposée à un bout de la cale... Nous ne voulons pas couler ! Nous voulons vivre une vie heureuse. Nous souhaitons ardemment que chaque Etre humain dans le monde soit heureux, qu'il ne vive pas tout seul, qu'il ne soit pas égocentrique, tout est Moi, Moi, Moi! Pourquoi toujours moi ?

Remplaçons-le par Nous ! Votre voisin ne doit pas se sentir seul lorsque vous êtes chez vous. Réapprenez à marcher, à faire les choses, à vivre, par paires. Vous serez surpris de constater que vous vous détendez et que vous recommencez à vivre tout simplement... Lorsque je dis par paires, je l'entends de deux façons. La première, vous la formez déjà sans le savoir avec ce que nous appelons votre double intérieur qui n'est rien d'autre que votre Etre réel, idéal, et qui se manifeste par votre petite voix-guide. Vous formez ensemble un tout indissoluble. Plus vous sentirez naître en vous un accord intérieur avec votre double, plus vous vous sentirez devenir des *ilmao*[2] , plus votre vie deviendra lumineuse et plus vous connaîtrez de réalisations

2 Signifie « les jumeaux » en langue maa, et illustre cette philosophie du double, tellement que le mot Maasaï lui-même en découle.

et de succès, bien au-dessus des contingences terrestres liées à l'espace-temps. Quant à la seconde, il s'agit tout simplement de vous habituer à penser et à agir le plus possible de concert avec votre meilleur ami, qu'il soit frère de sang ou pas, car à deux, à condition de vibrer au diapason, les effets positifs sont démultipliés.

L'amitié profonde et vraie est un don de Dieu !

Grâce au guidage d'*Enkaï* , j'ai eu la force de revenir chez moi parmi les miens au lieu de disparaître dans l'anonymat du monde occidentalisé, parce que j'ai pris conscience que ma mission la plus essentielle sur terre était de nous éveiller tous aux véritables changements intérieurs qui sont inéluctables. Le moment est arrivé.

Ce guidage ne m'a jamais quitté, je veux vous en donner un exemple, quelque chose d'extraordinaire qui m'est arrivé une nuit de l'an 2000 et que je n'ai à ce jour jamais raconté à personne. Il s'agit d'un formidable songe que j'ai fait. Un orage se préparait, de gros nuages noirs s'amoncelaient au-dessus de mon village, je demandais aux enfants de rentrer les vaches pour les mettre à l'abri avant le déluge. Le bruit du tonnerre était terrifiant, tout le monde criait d'angoisse, et tout d'un coup il y eut l'apparition d'un volcan aussitôt suivie d'une violente éruption, puis du volcan en feu émergèrent trois créatures majestueuses drapées de blanc, dont deux jeunes femmes. L'une campée à la droite des deux autres vint vers moi et, les paumes de ses mains tournées vers le ciel me dit doucement en me regardant droit dans les yeux "*tu es notre Moïse !*" et disparut aussi soudainement dans un tourbillon de lumière blanche très apaisante.

Ce songe, avec la même précision dans le moindre détail, m'est depuis revenu à neuf reprises.

C'est dans cet état d'esprit pour l'Homme et cette quête de vérité et de résistance joyeuse que j'ai également choisi les prénoms de mes quatre enfants. Le premier, je l'ai appelé Kone, en mémoire d'un puissant leader spirituel d'une grande lignée de prophètes; le second, je lui ai donné le nom de Kuntaï, connu pour avoir à la façon maasaï le mieux résisté à la colonisation britannique et à ses concepts d'enfermement; le troisième, il s'agit de mon unique fille, je l'ai baptisée Nayianoï, pour lui transmettre la fabuleuse énergie de la jeune femme que j'aimais et que j'étais sur le point d'épouser avant qu'elle ne disparaisse brutalement dans un accident de voiture en 1978; et enfin, pour le petit dernier, le nom d'Olchurie m'est venu comme une évidence. Il signifie le défenseur de la Vérité. La vérité qui sommeille en chacun de nous, n'est-ce pas elle qu'il est urgent de réveiller ? Nous pouvons tous ensemble y arriver. Je vous y aiderai, même si c'est en rêve...au début ! Car, quand la pensée est juste, l'acte suit, en se concrétisant.

Bénédiction des femmes, lors de la cérémonie de «la-claie-à-viande».

La traite matinale.

Jeune «Promu Ancien», parmi ses vaches au Mont Suswa.

Mère adoptive de l'auteur.

5

La vie à l'Ouest est comme la face négative du monde

Eme esipata nelang elejare

La vérité est plus amère que le mensonge

Dès mon plus jeune âge, j'ai chéri l'idée de voyager au pays des Blancs, pour voir de mes yeux ce qui s'y passait, par curiosité, mais aussi pour être concrètement en mesure de comparer les attitudes, les comportements et les modes de vie. Parce qu'aussi je les voyais, et je n'étais pas le seul, comme des gens supérieurs avec une connaissance infinie, et aussi, bien sûr, avec une abondance illimitée dans tous les domaines, en un mot comme des personnes tout à fait uniques.

La toute première fois que je voyageai en Europe, je ressentis un effroyable choc. C'était en Angleterre. Ma première pensée fut de reprendre l'avion séance tenante et de rentrer à la maison tellement un sentiment irrépressible d'affreuse solitude m'étreignit et ne me quitta plus.

J'errais dans l'aéroport de Londres, totalement perdu ! Les visages des gens étaient si différents, personne ne prêtait attention à moi, tout le monde courait, chacun pour soi, ne regardant personne. J'ai tout de suite cru qu'il se passait quelque chose de très grave dans le pays ou du moins dans l'enceinte de l'aéroport, car j'étais encore tout imprégné de l'ambiance festive et bon enfant de l'aéroport Jomo Kenyatta que je venais de quitter la veille au soir, de la vie, du joyeux tumulte et des témoignages de tendresse de mes amis venus me dire au revoir et me souhaiter un bon voyage.

Là, les gens qui vinrent m'accueillir, étaient sans vie, desséchés, avec des sourires à peine esquissés, aussitôt réprimés, comme des rictus de douleur, et nous arpentâmes l'aéroport dans un tourbillon sans avoir échangé un mot. J'étais perdu...

Très vite, je me mis à saisir que cet état n'avait pas été causé par une quelconque tragédie mais qu'il était bel et bien permanent. J'en fus plus qu'affecté dans mon esprit, dans mon cœur et dans mon âme. Comment réussirais-je à m'intégrer dans un tel no man's land ?

Je me sentais perdu comme un poisson brutalement sorti de l'eau, mais en même temps, j'étais en ébullition, car l'insupportable manque chez tous ces gens, je le ressentais au plus profond de moi. Toute cette solitude, je la prenais sur moi pour tenter de les soulager, tout en me demandant si je pouvais y faire quelque chose !

Mais ma compassion était la plus forte, et je ne pouvais me résoudre à penser que c'était inéluctable.

Tout n'était qu'anti-vie, cette nervosité, cette précipitation, cette course contre le temps comme s'il n'y avait jamais le temps d'accomplir quoi que ce soit, chacun se contentant de courir, mais dans quel but ? Bien sûr, je me doutais bien qu'ils vaquaient à leurs affaires, mais je percevais surtout qu'ils n'étaient plus reliés avec tout ce qui fait l'Homme. La Vie.

Puis, nous prîmes le métro, pour rejoindre le cœur de Londres. Je suis rentré dans la rame, eh! bien, j'étais vraiment... Oh! j'en ai encore comme si je le revivais, la chair de poule ! Un silence de mort y régnait, personne ne parlait à personne, quiconque ignorait tout le monde, mon voisin était aussi sec qu'une branche de commiphora durant une interminable saison sans pluies, et j'étais persuadé que tous ces gens se rendaient à un enterrement, parce que généralement, lorsqu'on enterre un proche, on a tellement de chagrin qu'il s'imprime forcément sur vos traits.

C'était à se demander si eux-mêmes n'étaient pas déjà morts, les uns penchés sans vie sur un journal, les autres, le regard dans le vide, le teint livide, des écouteurs dans les oreilles.

Comment aurais-je pu me sentir bien accueilli dans un tel univers de désolation affective? Alors, je me mis à repenser aux miens, à chez moi, où la joie et le partage sont au centre de tout. Nous parlons, nous éclatons de rire, nous apprécions chacun, même et surtout si nous le voyons pour la première fois. Et si nous prenons un moyen de transport public, un bus par exemple, la première chose que nous faisons au minimum, est de saluer les gens en souriant et en leur demandant *comment ça va ?!* tout ceci dans un tumulte joyeux...

Mais, là, c'était calme, bien trop calme, une atmosphère lourde chargée de haine rentrée, comme si d'emblée on m'avait jugé et condamné ! Je regardais les gens droit dans les yeux, je pouvais y lire de la peine, infiniment de peine, et, instantanément, comme s'ils avaient conscience que j'y lisais tout le négatif en eux, ils tournaient la tête et se renfrognaient dans leur coin, refusant d'être scrutés une seconde fois.

Chez moi, si vous regardez quelqu'un ou quelqu'une, il -ou elle- vous répond par un large sourire, même s'il -ou si elle- ne vous connaît pas, parce que les yeux parlent d'eux-mêmes, ils vous disent *vous êtes un Etre Humain, Un Etre Humain, il y a quelque chose en vous qui est également en moi, et je vous fais savoir combien j'apprécie ce moment... !*

Dans le métro, il n'y avait rien, strictement rien entre eux, lui -ou elle- et moi, c'était uniquement lui -ou elle-, pris isolément et sans contact avec personne d'autre. Je peux vous dire combien cela provoqua en moi pour la première fois de mon existence une sensation atroce de peur panique.

Je sus ce jour-là qu'en Europe, toute forme d'interaction sociale, qui est depuis toujours à la base de la Vie et je dirais même de la survie, avait disparu...

Une autre situation tout aussi misérable me revient, j'étais en Hollande depuis une semaine, à La Haye, avec la perspective d'y passer deux années studieuses en vue d'un doctorat. C'était l'hiver. Il faisait froid, et le côté anti-social des gens était si effroyable que là aussi, je ne pensai qu'à rentrer chez moi, et je me dis que j'avais fait une grosse erreur, que j'aurais mieux fait de rester au pays.

Finalement, je décidai d'endurer cette torture de l'âme et de l'Esprit, je restai, et je mettrai pas moins de dix-huit mois pour m'adapter à ce triste environnement. Les seules relations que j'ai eues durant tout ce temps, je les ai dues au fait que sur le campus, il y avait quelques étudiants africains comme moi.

Ma plus grande interrogation a longtemps concerné la nourriture, elle n'avait strictement aucune saveur. Le lait en particulier avait le goût d'une eau sans vie. Quant à la viande, c'était comme du pneu synthétique... Lorsqu'on me fit visiter une ferme, une fois le choc non pas digéré mais intégré, je compris.

Toutes les vaches étaient condamnées à ne jamais voir d'autre lumière que le jet blafard des néons artificiels. Elles étaient enfermées dans des réduits où elles n'avaient aucune chance de pouvoir esquisser le moindre mouvement, et, bien sûr, leurs petits étaient nourris aux hormones. Je me souviens surtout de la première cellule, il s'y tenait un veau qui devait déjà faire dans les deux cents kilos alors qu'il n'avait pas encore six mois et n'avait jamais vu le jour. Je le regardai, il ne pouvait pas bouger d'un pouce dans son enclos, je me mis à pleurer, j'étais désespéré, au bord de la syncope !!!

Je sortis sans demander mon reste, mon professeur à mes trousses ne cessant de me demander, ahuri par mon comportement, *qu'est-ce qui ne va pas, Kenny ?*

— *Vous me demandez à moi, ce qui ne va pas ? lui répondis-je, comment des hommes dignes de ce nom peuvent infliger de tels sévices à des animaux qui leur donnent tant sans jamais se plaindre ? Enfermés sans jamais voir le jour, nourris aux hormones et aux farines animales... Ces vaches sont hideuses, elles ne sont plus en vie comme d'ailleurs tous ceux qui s'apprêtent à boire leur lait ou à les manger...*

J'ai attendu une heure dans le froid que les autres eurent terminé la visite. Ce jour-là, j'avais compris pourquoi je n'avais éprouvé depuis mon arrivée en Europe aucun plaisir à me nourrir, c'était dû au fait que je mangeais la mort ! Cette même nuit, je ne dormis pas, n'ayant de cesse de penser au monde scientifique responsable de ce massacre ordinaire et de cet empoisonnement généralisé. Ignorance totale, ou décision préméditée ?

Et je pensai à mes études, devais-je tout annuler et rentrer à la maison ?! Je me sentais si démuni face à une telle mécanique diabolique que personne à part moi ne semblait remettre en cause.

Une fatalité qui se résumait à « produire plus au moindre coût ». *Je dois tenir bon, sinon comment pourrai-je un jour me battre efficacement contre un tel système mortifère pour le changer*, m'étais-je dit !

La semaine suivante, je visitai une autre ferme industrielle, spécialisée celle-là dans la production de lait. J'assistai à la traite, et j'étais tellement surpris par la quantité phénoménale de lait qui s'écoulait des pis de chacune des centaines de vaches alignées comme de vulgaires objets que je fis plusieurs fois le tour de l'entrepôt. J'étais convaincu que c'étaient les tuyaux des machines à traire qui remplissaient les mamelles de mes amies sacrées une fois qu'ils les avaient vidées !!!

Le professeur qui nous accompagnait fut tout fier de m'annoncer que cette abondance était une nouvelle fois due au progrès scientifique. Elle était la conséquence des hormones de synthèse qu'on leur injectait quotidiennement. Le soir même, de retour à l'université, on me tendit un verre de lait, et à sa simple vue, je vomis tout mon soûl...

Mes dernières illusions sur le monde des Blancs venaient de partir en fumée. Moi qui les croyais, en étant développés, parés de toutes les vertus, en particulier prompts à promouvoir toutes actions susceptibles de préserver la nature et ses ressources !...

Plus tard, alors que je passai une nouvelle année d'étude à Halifax (Nouvelle-Ecosse, au Canada), je fus consterné par la taille des Canadiens de ce lieu isolé. Mais surtout, au-delà du gigantisme de leurs corps et de leurs membres, ce fut l'aspect artificiel, factice, de leur apparence physique qui me surprit le plus. Cherchez l'erreur ! comme on dit chez vous.

Ils ne ressemblent en rien à des êtres humains ! m'étais-je confié à l'ami kényan qui m'accompagnait et qui identifia immédiatement le problème.

C'est ce qu'ils mangent qui les rend ainsi !

m'avait-il répondu sans la moindre hésitation.

En effet, c'était tout à fait ça, ils mangeaient beaucoup et sans cesse tout et n'importe quoi, des aliments avec plus rien de bon mais bourrés d'hormones et de médicaments de synthèse. Qui avait inventé cela ?

Très vite, je fus pris d'une peur palpable, à l'idée qu'au bout d'une année d'un tel régime alimentaire je devinsse comme eux !...

A New York, où je me rendais de temps à autre pour participer à des séminaires sur l'écologie, c'était pire encore, avec de l'hystérie en plus, le bruit, les voitures, les jeunes occupés à errer, avec des tenues vestimentaires improbables, très « tendances » dans la décadence !!!

Par conséquent, je puis vous affirmer aujourd'hui, avec le recul du temps, que la vie à l'ouest et en Europe est vraiment la face *négative* du monde, et certainement pas celle qu'un être humain normalement constitué a envie d'habiter. A moins qu'il ait l'étrange désir d'endosser un mode de vie superficiel, une nourriture et des discussions artificielles, avec pour corollaires le chagrin et l'ennui, mais je sais que c'est impossible car en s'écartant du lien sacré avec la nature, à l'évidence il est perdu.

En gardant vivante votre relation naturelle au monde telle qu'elle a toujours été, au-delà des soi-disant progrès technologiques, vous continuerez de savoir d'où vous venez et où vous allez ! C'est cela le plus important et vous le savez ou du moins vous le pressentez en votre centre le plus intime. Mais la confusion est à l'œuvre, elle poursuit ses noirs desseins, faisant de notre planète un immense hôpital.

Est-ce un plan de destruction massive voulu, pour aliéner l'Homme et le manipuler ?

Il est un fait qu'elle continue de vous vider de toute énergie vitale, car confusion = vide = néant, point final.

Au Canada, aux Etats-Unis, et même en Europe, ce fut toujours un même constat, le vide intérieur que je lisais sur une majorité de regards, et même lorsqu'ils tentaient de distraire les copains avec une blague destinée à les faire rire, il était évident qu'il s'agissait d'un humour de surface qui venait des lèvres et non du cœur. Là-bas, j'ai été terrifié durant tous mes séjours, du début à la fin, terrifié de voir des êtres aussi superficiels n'ayant plus d'humains que l'apparence, avec certes des enveloppes humaines, des corps d'hommes, mais avec plus aucune humanité à l'intérieur.

Ils n'étaient plus reliés.

Dans le but de combler ce vide, ils utilisaient la musique, l'alcool, la drogue, finissant par faire d'eux-mêmes ce qu'ils n'étaient pas en ajoutant des substances qui allaient les étourdir un temps pour ressentir enfin un peu de joie et un vague aperçu de ce que sont les sentiments humains... Mais, malheureusement, ça ne durait pas, et une fois que le paradis artificiel s'était dissipé, ils étaient de retour à la case départ, c'est-à-dire au vide. Donc, ils se condamnaient à augmenter sans cesse la part de l'artifice !

La comparaison avec chez moi était édifiante, où il n'est nul besoin d'ajouter puisque tout s'opère en profondeur le plus naturellement du monde, l'essence de notre âme étant le bonheur qui vient de l'intérieur et non de l'extérieur. Pour nous, nulle nécessité de nous détourner pour devenir quelqu'un d'autre que ce que nous sommes, nous n'en ressentons pas le désir, nous voulons tout le contraire: rester ce que nous sommes parce que nous sommes heureux de vivre.

Chez vous, mes chers amis, ce qui ajoute le plus à l'effroi généré par tout ceci, c'est sans conteste la technologie qui progresse beaucoup trop vite, pure folie en vérité car elle est pour moi synonyme d'anéantissement, détruisant la vie tout court et la joie et l'humilité qui vont avec, en étant mortellement associée au vouloir toujours plus !

Lors d'un noël passé à Washington D.C., on m'avait fait visiter un magasin à la surface tellement grande que j'avais pris peur et en étais ressorti aussitôt. Toutes ces montagnes de produits renouvelés chaque semaine, toute cette frénésie de consommation !!! Je me souviens avoir alors associé tout ceci à la dernière cigarette du condamné... Je m'étais logiquement posé la question : *si chaque semaine, on place de nouveaux produits sur les rayons, que fait-*on *des invendus ?...*

Si pour vous, la vie, c'est acheter, acheter, acheter, que vous reste-t-il en retour à donner à la communauté des hommes ? ...

Et si l'on parle à présent de l'environnement, c'est-à-dire de ce qui est extérieur à l'homme, la technologie ne vous tue-t-elle pas tout aussi sûrement au travers de ce que vous appelez pudiquement la pollution ?! C'est ce que j'ai vu et enduré à Londres ou ailleurs. Plus rien n'est pur, tout a été modifié, vous ne pouvez plus boire l'eau, vous devez l'acheter, de l'eau morte en bouteille, et bientôt ce sera notre tour, et il en sera fini de nous abreuver d'une eau fraîche à la rivière.

Sachez que votre pollution s'exporte désormais partout dans le monde comme une traînée de poudre, même aux endroits les plus reculés. Ainsi, nos vaches sont de plus en plus nombreuses à succomber après avoir ingurgité un des millions de sacs en plastique en train de transformer nos herbages en poubelles à ciel ouvert...

Nous sommes tombés en enfer, plus besoin de lire la Bible pour savoir où il est.

La peur gagne du terrain, elle s'accélère de façon vertigineuse : Peur de respirer, Peur de se désaltérer, Peur de se nourrir, Peur de sortir, Peur des inventions génétiques, c'est cela le véritable enfer du progrès promis à l'Ouest.

Quand je pense que l'Europe avait colonisé l'Afrique en la qualifiant de *Continent des Ténèbres* et qu'elle s'était donné bonne conscience en feignant de croire et de faire croire qu'elle lui apporterait la lumière ! Et maintenant, elle est devenue ce *Continent des Ténèbres* qu'hier elle nous accusait d'être, et, à cause du gigantesque brasier qui couve à l'intérieur et de l'intense fumée qui s'en dégage, vous ne pouvez plus voir clair dans vos vies.

C'est ce feu qu'il vous revient d'éteindre pour que la vraie Lumière puisse à nouveau éclairer votre chemin. Le voulez-vous vraiment, mes tendres amis de la vieille Europe et du *Nouveau Monde* ?

En attendant, et malgré toutes les horreurs actuelles, le peu de Lumière qui reste en ce bas monde, nous l'avons encore chez nous et je veux la partager avec vous car il est urgent de renverser la vapeur.

La Lumière, c'est la Vie. Je veux parler de la vraie vie, de celle qui génère l'amour vrai, l'inspiration, l'entraide spontanée et la joie d'Être.

Pour cela, arrêtez de cautionner un système basé sur la destruction et que symbolise au plus près je trouve votre usage généralisé des antibiotiques chimiques qui tue vos anticorps...

Faites comme moi, recommencez à vous servir de ce que vous offre aussi généreusement la nature, à savoir les plantes, pour soigner tous vos maux sans que votre système immunitaire en soit affecté.

Nul besoin de recourir à des injections de produits conçus en laboratoire, et c'est ce que moi et une majorité de Maasaï veulent, que vous preniez conscience des bienfaits illimités d'une vie simple qui demeure le plus en lien avec la nature.

6

Le confort matériel détruit votre âme et stérilise notre Terre à tous

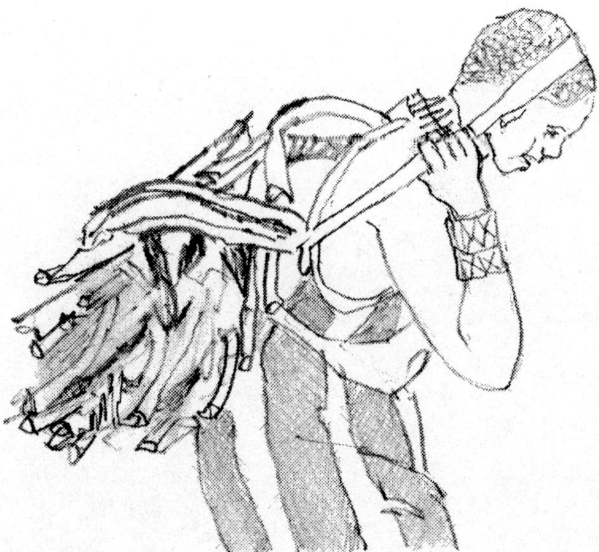

Edol ongu oriong, kake medol atua

L’oeil voit l’extérieur et non pas l’intérieur

Ne trouvez-vous pas que ce que vous appelez la prostitution soit l'exact reflet de la dérive provoquée par le progrès ?

En particulier en Hollande, où des rues entières y sont consacrées et où vous pouvez voir des jeunes femmes, derrière des baies vitrées, faire étalage de leurs charmes, à moitié pour ne pas dire entièrement dévêtues. Et les hommes y vont comme on va faire ses courses, ils les paient en retour !

Je trouve que ça sonne faux et que c'est extrêmement choquant, exemplaire si je puis dire d'une société qui ne contrôle plus rien, je dirais même qui est devenue satanique, car qui osera me dire droit dans les yeux qu'une personne consommatrice de ce genre de choses ne gâche pas à jamais l'inestimable chance de ressentir un jour la spontanéité du pur sentiment d'amour ?

Vous l'achetez comme vous avez fini par accepter sans rechigner de tout acheter dans votre société ! Vous êtes-vous vraiment résigné à acheter l'amour, la passion et la compassion? Je ne veux pas y croire, je ne peux pas y souscrire, pas une seconde. Est-ce cela votre liberté ?

C'est juste que vous avez perdu vos racines.

Votre naturel qui ferait qu'en vivant réellement au contact des autres, grandiraient en vous votre capacité tout à fait humaine à aimer et votre capital affectif.

Ce sont mes voyages dans vos pays que l'on dit civilisés, qui m'ont permis de mettre en évidence toutes ces pratiques inhumaines pour que vous compreniez bien que vous vous égarez.

Mon combat actuel, c'est d'aider l'Occident, c'est de vous aider, car nous sommes probablement devenus vos *Sauveurs*.

Mais nous voulons faire pour vous exactement l'inverse de ce que vous nous avez fait, c'est-à-dire vous coloniser ! Nous voulons juste vous sortir de l'enfer dans lequel vous vous êtes vous-mêmes installés par avidité ou par pur égoïsme, en ayant accepté les mirages qu'on vous propose ! Toujours renouvelés.

L'Occident s'est perdu, oui, je le dis, et même si jadis, lorsqu'il a surgi dans nos vies, il nous a affublés de tous les noms — nous étions des barbares arriérés, ignorants, stupides, nous étions des primitifs habitant le continent des ténèbres— je ne nourris aucune envie malsaine de revanche mais au contraire c'est en toute humilité que je lui tends la main pour qu'il comprenne que c'est bien lui qui fait fausse route et que c'est à nous qu'il échoit aujourd'hui l'immense tâche de le guider.

C'est un appel de Là-Haut que j'entends de nos jours de façon de plus en plus répétée. Je crois beaucoup à l'effet boomerang de nos actions, et je suis sûr que ce qui vous ronge de l'intérieur est à mettre en perspective avec le vol massif des richesses naturelles de l'Afrique opéré autrefois par l'Ouest.

En Amérique, il y eut la ruée vers l'or, ils ont anéanti les Indiens qui étaient un peuple premier particulièrement spirituel, et ils prétendent en ce vingt-et-unième siècle être heureux et imposer leur bien-être, qui n'est rien d'autre en fait que le bien-être matériel d'une minorité.

Un bien-être destructeur de l'âme et de l'environnement, partout dans le monde !!!...

Mais, n'ayez crainte, mes chers amis d'Occident, cette orientation orchestrée de nouvel esclavage anéantira bientôt leurs auteurs de l'ombre, car la vraie vie est une respiration cosmique, inaliénable.

Il y a quelque temps, j'étais à Madrid à l'invitation d'un ami espagnol.

Un dimanche, il a voulu me faire plaisir en m'emmenant dans un stade où j'allais assister, c'était du moins ce que j'avais cru comprendre, à un combat de taureaux très populaire dans le pays. Il y avait foule en effet, toute la ville semblait s'y être donné rendez-vous, et, finalement, à ma grande surprise, ce fut à une lutte entre un taureau et un homme qu'il me fut donné d'assister.

C'était horrible, et plus le sang coulait, plus la foule vociférait sa joie !

Celui qu'ils appelaient leur champion dut s'y reprendre à quatre reprises avec un long couteau pour achever la bête suppliciée, je fondis en larmes, quittant l'arène sans demander mon reste. Et le public applaudissait à la Mort !

C'est notre sport national, m'avait déclaré non sans fierté mon hôte, et moi, je restai sans voix devant une telle barbarie, car comment aurais-je pu prendre du plaisir et manifester bruyamment ma joie devant ce que je considérais comme une tuerie gratuite ?

En tant que pasteur aimant la vie et en particulier la vache qui nous procure tant, comment une telle chose inconcevable eût pu soulever mon enthousiasme ?

Là, les spectateurs réagissaient comme s'il se fut agi d'un match de football, sans faire montre à aucun moment de la moindre compassion pour l'animal torturé. D'ailleurs, devant cette absence totale d'humanité, je m'étais dit que tous ces gens avaient dû se droguer pour supporter l'insupportable !

Bien sûr, il nous arrive à nous aussi de mettre à mort l'un de nos taureaux, mais ça n'a strictement rien à voir avec ce petit plaisir profane et éphémère, qui n'est rien d'autre qu'un sport où l'on paie très cher le droit d'entrée !

Chez nous, il s'agit au contraire d'un sacrifice de la plus haute importance pour la construction de l'individu, puisqu'il lui permet de se connecter, avec l'ensemble d'une même génération, à la Terre-Mère.

Son sang unifie l'homme à la Terre, c'est par conséquent un rituel fondamental pour chaque jeune homme qui l'amènera ensuite à la respecter en toute occasion comme sa mère.

Et plus généralement, la communauté tout entière se souviendra à jamais de ce sacrifice comme lui ayant permis de s'unifier davantage et de faire évoluer d'un cran supplémentaire ses valeurs clés d'amour, d'humilité et de compassion, et elle n'aura de cesse de le remercier et de lui demander pardon.

De plus, considérons-nous que le taureau n'est pas vraiment mort et que nous n'avons fait que transférer son énergie dans nos veines. Il continue de vivre à travers nous. Donc, ce n'est pas pour s'amuser, ce n'est pas un jeu, il n'y a pas d'argent à donner ni à recevoir, ce n'est ni pour la gloire d'un homme ni pour la liesse d'une foule,

C'est pour la reliance de nos âmes à la Terre et au Ciel.

Toutes ces personnes dans l'arène n'avaient plus rien d'humain et représentaient selon moi qui les scrutais, éberlué, une autre version de l'enfer. Et l'enfer, n'est-ce-pas en effet rien d'autre que faire ou subir de vilaines choses à l'exact opposé de ce que notre humanité est supposée produire et vivre?

Je vous en conjure, n'acceptez plus l'inacceptable, n'acceptez plus de faire table rase de vos racines, de votre identité et de votre connexion, dans le seul but d'emprisonner un tout petit bonheur purement égocentrique et maladif qui ne pourra jamais être un bonheur à long terme seul à même de nourrir votre âme!

Tout, chez vous, semble désormais reposer sur la production des choses et sur l'argent, c'est cela que vous êtes supposés adorer, c'est ce qui vous guide et qui justifie vos actions, qui vous décomplexe aussi:

si ce n'est pas moi, quelqu'un d'autre le fera de toute façon à ma place !

Mais regardez le monde, partout des guerres, le Moyen-Orient, l'Afrique à feu et à sang, les peuples premiers que l'on raye de la carte dans l'indifférence générale, les gens insatisfaits qui manifestent et qui font grève aux quatre coins de la planète, pourquoi toute cette agitation, toute cette frustration ?

Certains ne s'évertuent-ils pas à les provoquer ? Tout cela n'a-t-il pas été perpétré et perpétué par les nations que l'on dit développées ? Tout cela n'a-t-il pas été diffusé au cœur même des nations, des peuples et des voisins qui ne demandaient pas mieux que de vivre en paix ?

Aujourd'hui, on se bat pour du pétrole, ou toute autre denrée rare, on se bat pour le pouvoir, on se bat, on se bat, et au bout du compte, on ne sait même plus pourquoi ni pour qui on se bat, mais on le fait parce qu'on nous dit de le faire et qu'on n'a plus le ressort intérieur, le libre arbitre suffisamment structuré, pour s'opposer à ce qui est en train de devenir un enfer planétaire.

Ces trois dernières années, vous allez sur les petits marchés du pays maasaï, et vous pouvez trouver de la drogue en vente libre, c'est du jamais vu.

Tout a été prévu pour contaminer nos jeunes générations, mais heureusement notre initiation est encore la plus forte pour résister aux tentations de ce poison mortel et, avec amour, anéantir ce plan mortifère.

La Lumière finira toujours par être gagnante.

Cependant, une vigilance de tous les instants, s'impose !

Aussi petit que je sois sur cet échiquier de la nouvelle colonisation, je ne suis pas président de mon pays, mais aussi libre que je suis et en tant que porte-parole des Maasaï, je n'ai pas peur de parler haut et fort à tous ceux qui veulent bien m'écouter, je veux leur dire qu'il n'y a plus le choix parce que ça fait partie de mon rêve.

Nous devons tous changer si l'on veut que notre planète signifie encore quelque chose pour nos enfants. Je veux que vous bénéficiiez de mon expérience unique parce qu'en permanence je ressens les deux mondes, le monde spirituel qui est celui d'où je viens et le monde matérialiste qui est en passe de briser l'équilibre, et je vous dis: faites une pause et réfléchissez à ce que vous pouvez faire pour vous transformer et sauver le monde.

Il y a aussi une urgente réflexion à mener aux Nations-Unies, et chacun de vous pouvez par votre attitude quotidienne, faire pression auprès de vos représentants, pour qu'elle ait lieu afin de les amener à identifier les causes de la confusion actuelle et non pas seulement les symptômes. La question n'est pas la guerre en tant que telle mais pourquoi a-t-elle lieu et qui la provoque ?!

Fini les discussions sans fin et dispendieuses sur les symptômes des grands problèmes politiques contemporains, levons-nous tous ensemble, vous et moi, pour leur demander de s'engager à dire enfin Stop à la production, Stop à la déforestation, Stop à la course à l'argent ! Nous voulons retrouver la vraie Vie, nous voulons être heureux sans faire de mal à nos voisins, nous voulons vivre avec les arbres et avec les plantes, nous voulons aimer les animaux.

C'est simple, non ? Alors, agissez, faites-le, n'attendez pas de l'extérieur qu'on vous en donne l'ordre, ça doit venir de vous, tout naturellement. Je sais que vous pouvez le faire, car j'en connais, chez vous, qui le pratiquent déjà avec succès, comme mon grand ami Ole Peron qui forme avec moi depuis toujours une vraie paire partageant les mêmes valeurs de vie et la même sagesse de l'amour pour l'Etre Humain. Et j'admire tout à la fois son mode de pensée et son engagement sur le terrain, pas de fossé entre le dire et le faire. Dans ce sens, il est pour moi beaucoup plus maasaï que la plupart d'entre nous, et en tout cas que tous ces Maasaï qui ont été éduqués à l'Ouest en négligeant le passage par l'Initiation.

Et je sais ce qu'ils pensent de lui, ce qu'ils pensent de moi, je sais qu'ils pensent que nous sommes fous de parler ainsi et d'être engagés dans la glorification de l'Etre et non pas comme eux de l'Avoir, je le sais, mais qu'y faire ?

Ils ont fait l'objet d'un lavage de cerveau en règle et ils ne jurent plus que par l'Ouest et par l'éducation moderne, pensant qu'avoir une bonne voiture, des beaux vêtements c'est-à-dire à la mode, des aliments sous plastique, une maison de série américaine et un bon job, est devenu aujourd'hui l'idéal à atteindre pour tous. Alors que pour moi, et pour vous aussi qui me lisez en ce moment, nous savons bien que c'est exactement tout l'inverse qui est à rechercher du moins si on ambitionne d'accéder au bonheur vrai et à la véritable abondance.

Matériellement parlant, ce dont nous avons besoin est bien suffisant, pour moi, pour ma famille, j'ai ce qu'il faut, mais tout ce qui dépasse cette ligne, du moins si l'on consacre son énergie si précieuse à tenter de s'approprier le superflu, ça a pour noms avidité et gloutonnerie, parce que vous prenez plus que ce qui est requis par vos besoins, vous mordez sur la vie d'une autre personne.

Pourquoi ce souci si intense à vouloir toujours plus, de voitures, de vêtements, de chaussures, d'argent, alors que des gens dorment dans la rue, dépouillés de tout ?

Arrêtez d'être frustrés, refusez de devenir des fantômes, redevenez humains. La vie est un don inouï, un miracle quotidien, vivez-le — Décidez-le!

Sœur de Kenny

7

Le « Village Global » réduit l'Homme à une abstraction

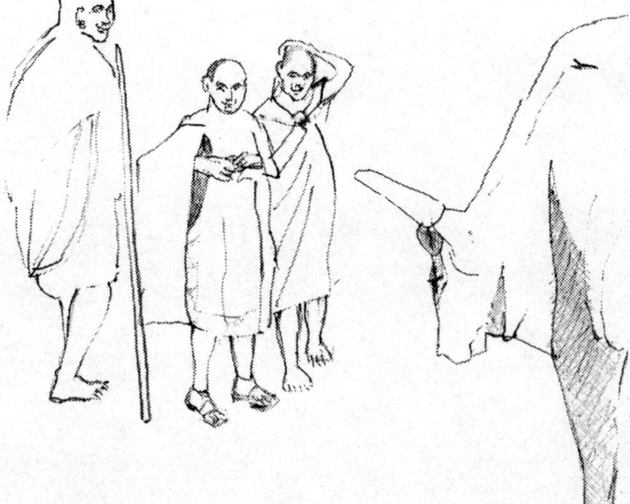

Eud enkongu ole osoït

L’œil haineux peut transpercer la pierre

L'Occident ne veut qu'une chose, que nous le copions et que nous ne puissions plus nous passer de lui et de ses produits, car c'est, pense-t-il ou feint-il de le penser, ce qui se fait de mieux !

Mais, au travers de mon expérience, comme je viens de vous l'illustrer, ce n'est pas ce qui se fait de mieux, c'est au contraire ce qui se fait de pire.

Je pense en effet que le mieux, c'est nous qui l'avons, car notre but consiste à nous construire autour de nos valeurs humaines existantes au lieu de commencer par détruire ce qui a fait l'Homme depuis des temps immémoriaux.

Chez nous, être Maasaï, c'est appartenir à une même et grande famille, et nos mécanismes sociaux conspirent tous en quelque sorte vers cet état d'Etre. C'est beau ce noble sentiment d'appartenance, cette identité qui ne demande rien à personne et qui ne demande qu'à être. Nous avons des classes d'âge, des groupes d'âge, des moitiés, des sections, des clans, des sous-clans, des lignages, des familles élargies, des barrières familiales, des familles du poteau droit, des familles du poteau gauche, etc. autant de diversité sociale, autant d'institutions, pour permettre à chacun de se sentir confortablement admis, inclus et aimé.

Car la puissance de l'Amour est essentielle.

Chez vous, toutes ces références semblent avoir disparu, tout est mélangé, c'est pour cela que vous parlez de *village global*, mais ça n'existe pas, c'est purement virtuel. J'ai mon propre village, mon village est différent du tien, de même que nous ne pouvons pas tous vivre au sein d'un seul et unique village, ça nous tuerait, car nous avons tous des caractéristiques vitales bien à nous et nous voulons les préserver à tout prix.

Nous sommes tous différents, culturellement, socialement, économiquement, alors pourquoi vouloir nous identifier à un seul village ?

Je pense que s'ils parlent avec autant d'insistance d'un village, d'un seul village, d'un *village global*, c'est parce qu'ils l'ont perdu et qu'ils veulent que nous nous engagions à notre tour dans une société sans villages, sans différences, sans spécificités et sans valeurs, ce qu'ils appellent « globale ». ***C'est l'anesthésie, la mort assurée, consciemment.***

Global pour moi n'est rien d'autre que la fin de tout, vous êtes en train de tout détruire et vous finissez par proclamer *on est tous pareils !* Ce ne peut pas être vrai, ce ne le sera jamais et vous le savez. Je vous donne un exemple.

Dans toute société, il y a ce qu'on appelle des orphelins, c'est-à-dire des enfants qui ont perdu leurs parents. Les Maasaï n'y échappent pas, ce sont les choses de la vie. Mais il subsiste une grande différence, c'est dans la façon de traiter le problème.

En Europe, qu'en faites-vous ? Vous avez inventé le concept

d'orphelinat, parquant ces enfants dans des établissements dits spécialisés, comme on parque les animaux sauvages dans des zoos !

Et pourtant, ce sont des êtres humains comme vous et moi, là, aucune différence, mais on déculpabilise en se disant *les services sociaux du pays ont pris le problème à-bras-le-corps, ils s'occupent de tout, c'est merveilleux !*

Imaginez-vous un instant dans la même situation, vous appartenez à une culture, à un pays, à un village, à une famille, vous perdez les êtres les plus chers au monde, vos parents, vous vous sentez atrocement seuls, vous souffrez le martyr, et en prime, au lieu que l'on compense cette perte affective brutale en vous entourant d'un surcroît de chaleur humaine, on va vous couper par décision administrative de l'énergie vitale et de l'amour de vos voisins et de vos proches, comme si vous n'apparteniez subitement plus à votre société et à votre culture d'origine !!!

Bien sûr que si, vous continuez d'en faire partie, mais puisque vous êtes désormais ressentis comme une charge, on va vous traiter à part, le «on», ce sont des fonctionnaires, on va vous nourrir, on va vous garder comme un prisonnier, comme un délinquant, comme une bête curieuse ou un objet froid, sans humanité, c'est-à-dire sans l'unique chose dont vous avez le plus besoin au monde: l'amour de vos semblables enracinés...

Chez nous, point d'orphelinat, point de différence entre un orphelin et un autre enfant, si ce n'est que la famille élargie et le clan auxquels il appartient prennent automatiquement le relais avec infiniment d'amour et de délicatesse. D'ailleurs, s'il l'a jamais su, tout est fait pour qu'il oublie très vite qu'il l'a jamais été, mélangé à la progéniture de sa famille d'accueil qui est composée d'oncles et de tantes, qu'ils soient proches ou lointains, traité avec autant d'amour sinon plus que les autres, éduqué et initié avec et parmi les autres, jamais seul.

Nous sommes tous apparentés à un degré ou un autre, nous refusons donc de traiter à part une catégorie d'enfants sous prétexte qu'ils auraient eu le malheur de perdre leurs parents biologiques. Grâce à cela, grâce au fait qu'on n'en fait pas une catégorie, il est impossible de repérer qui est orphelin et qui ne l'est pas, mais à partir du moment où vous les mettez à part dans un seul village prévu à cet effet, ils deviennent comme des «animaux de zoo que l'on visite le week-end».

C'est parfaitement inhumain. Ne trouvez-vous pas cette façon de faire inhumaine ? Bien sûr, je ne suis pas en train de dire que les organisations spécialisées qui existent à travers le monde pour créer, financer et gérer des orphelinats, n'ont pas leur rôle à jouer, mais la chose la plus essentielle ne serait-elle pas de retrouver et de renforcer le lien qui unit l'orphelin à sa communauté ?

D'où vient-il ? Où est sa famille ? Quel est son clan et sa classe d'âge ? Qui sont ses voisins ? N'est-ce pas la seule chose susceptible de nous humaniser, de nous inspirer l'amour et en un mot de nous rassurer, n'est-ce pas ce qui nous construit depuis la nuit des temps ?

Non, on décide que des orphelins ne sont plus des êtres humains comme les autres, qu'ils gênent et que par conséquent il convient de les traiter à part avec le soutien d'un personnel spécialisé ! Ils ne sont plus des êtres humains au même titre que les personnes handicapées perçues comme étant porteuses d'une maladie honteuse que l'on doit à tout prix cacher.

Chez nous, les êtres qui ont un handicap, qu'il soit mental ou physique, ne souffrent, eux non plus, d'aucune discrimination, ils partagent tout avec les autres et il ne viendrait jamais à quiconque l'idée de les pointer du doigt pour leur différence. Donc, nul ne les perçoit jamais comme tels.

Votre façon de faire, qui n'est plus fondée sur la fabrique sociale du lien d'amour primordial, est en train de se généraliser dans le monde et tente à tout prix de s'attaquer aujourd'hui à la nôtre de la plus brutale des manières.

Nous refuserons à jamais d'y croire car nous ne comprenons pas comment des êtres humains ont été capables d'inventer un tel compartimentage à froid !

C'est effrayant, n'est-ce-pas ? Je veux que vous tous, mes chers lecteurs, vous vous sentiez concernés et vous vous posiez la question:

pourquoi, dans mon voisinage, les orphelins ou toute autre personne répertoriée comme différente sont-ils placés derrière des clôtures comme des bêtes de zoo ? Pour quelles raisons valables, je ne décide pas de m'en occuper moi-même en les reconnectant à notre grande famille par le truchement du clan que nous avons en commun ?

Mais, pardonnez-moi, j'oubliais que vous n'aviez plus de clans et que vos familles étaient éclatées, et que c'est précisément cette décomposition du lien social que l'on veut nous imposer comme seul label de qualité de vie d'une société digne de ce nom ! De telle sorte que nous soyons acceptés dans le *village global.* Et après, on nous dira, « il y a de l'argent pour un orphelinat, pour ceci, pour cela... » Ils essaient de nous endormir, d'acheter notre conscience pour la détruire plus tard, afin que nous devenions à notre tour des esclaves acceptables.

Ce n'est qu'une question de masques. Ils portent un masque, mais si vous parvenez à le leur enlever, vous n'êtes pas long à comprendre qu'ils sont de véritables monstres.

En Occident, ce qui me donne le plus la nausée, incontestablement et au-delà de tout entendement, c'est la façon dont ont traite les personnes qui ont franchi l'âge fatidique des soixante-dix ans, c'est-à-dire ceux que l'on prénomme chez nous avec infiniment de respect: les Anciens !

Eux aussi, on n'hésite plus à les parquer dans des établissements dits spécialisés, des maisons pour vieux, des véritables mouroirs en vérité.

Ce peut être votre papa, en Angleterre; il a, disons, quatre fils et deux filles qui sur-travaillent comme vous dans la peau de cadres supérieurs, dans une firme multinationale; eh! bien, par manque de temps et par facilité, n'est-il pas logique, normal, pensez-vous alors, qu'il s'en aille rejoindre vos grands-parents dans la maison de retraite qu'ils occupent déjà depuis tant d'années, n'est-ce pas ?

Et pourtant, une personne âgée ne requiert-elle pas de l'attention, beaucoup plus d'attention, de l'amour, beaucoup plus d'amour que les autres adultes, parce que, passé un certain âge, elle commence à péricliter physiquement et a besoin qu'on s'occupe d'elle comme on s'occupe d'un enfant?

Par conséquent, s'agissant d'une loi immuable, pourquoi ne leur rendez-vous pas la pareille, pourquoi ne les traitez-vous pas comme ils l'ont fait pour vous lorsque vous étiez petits ?

Parce que lorsque vous êtes un bébé, vous ne pouvez pas encore marcher, vous faites pipi partout, et votre maman passe tout son temps à s'occuper de vous, qui n'êtes capable ni de vous nourrir tout seul, ni de vous laver ni de vous déplacer, vous êtes sous son entière protection, vous êtes partout à la fois, vous parlez, criez, chantez tout le temps, vous êtes intenable, et pourtant à aucun moment n'êtes-vous mis à l'écart, n'est-ce-pas ?

Et vous bénéficiez malgré toutes vos nuisances, de tout son art, de toute son attention ! Pourquoi ne vous rappelez-vous pas ces moments clés de votre vie ? Pourquoi vous obstinez-vous à écarter de votre chemin, de votre vue et de votre confort ceux qui vous ont chéris et qui vous ont faits ceux que vous êtes aujourd'hui ? Pourquoi les confier à des fonctionnaires comme de vulgaires marchandises, des marchandises périmées à mettre sous clé, uniquement pour avoir le temps de consommer ? Parce qu'il n'y a plus le temps, vous n'avez plus le temps, plus le temps !!!

Mais vos parents, vos grands-parents, eux, ont eu le temps et la patience de vous élever, pourquoi ne pas leur rendre ne serait-ce qu'un dixième de ce qu'ils vous ont donné de façon si désintéressée ? Mais non, vous finissez par vous dire *après tout, c'est la politique mise en place par nos gouvernants, c'est qu'il y a de bonnes raisons, c'est plus économique, c'est plus moderne...* Moi, je vous dis « c'est très mal !!! »

Pour les Maasaï, c'est une véritable malédiction que d'agir ainsi, mettre à l'écart nos parents et nos grands-parents, avec pour inévitables conséquences la disgrâce de ne pas grandir comme il faut et la culpabilité qui nous hante jusqu'à la fin de vos jours.

C'est pourquoi, lors de notre initiation, l'on nous parle longuement des affaires familiales, l'on insiste beaucoup sur le fait que

nous sommes responsables de nos parents,

et de nos grands-parents jusqu'à ce qu'ils aient quitté leurs corps.

Ce qui me paraît après tout la moindre des choses.

Je veux que toutes ces maisons que l'on qualifie du nom faussement protecteur de retraite, soient abandonnées, et que vous retrouviez le désir fort de réintégrer le sens de vos responsabilités et de vous occuper à nouveau directement des êtres qui doivent compter le plus pour vous, ceux qui vous ont donné la vie et tout leur amour.

Merci d'y penser, c'est le début de la concrétisation, il suffit de le désirer avec force, faites-le, je vous en prie, faites-le ! Vous vous sentirez tout de suite mieux, plus légers, assurément parce que le mauvais sort se sera désintégré de lui-même.

Les personnes âgées, c'est un concentré de Sagesse dans votre maison, oui, vous pouvez dire peut-être que leurs capacités mentales ont chuté mais vous ne pouvez pas nier qu'ils sont la musique qui berce votre âme lorsque vous en avez besoin, la plus précieuse de toutes les musiques du monde. Prenez-en soin, je sais ce que je dis, je le ressens si fort, je veux vous aider !

J'en ai visitées, des maisons où l'on entasse les anciens, en fait, à chaque voyage en Europe, je me fais fort d'y aller, et à chaque fois, j'en ressors dégoûté. Dégoûté de voir tous ces gens débarquer de leurs grosses limousines, avec des gâteaux industriels, même pas faits à la maison, pour passer quelques minutes avec leurs parents, dans une salle sans âme, ça transpire la solitude, la misère de l'âme, pourquoi ne les prennent-ils pas chez eux, dans l'espace intime de leur maison, de telle sorte à emplir de chaleur le sang de leurs enfants et petits-enfants parce que c'est de là qu'ils proviennent ?

J'ai une image très improbable en tête, je suis à Paris, dans une maison de retraite, je scrute un couple dynamique venu rendre visite à la grand-mère du jeune homme, je suis d'emblée anéanti par la vastitude du chagrin et du désespoir de la vieille femme, elle n'arrête pas de pleurer et de se plaindre *ne me laissez pas ! ne me laissez pas ! ne partez pas ! etc.* Et l'épouse du jeune homme d'intimer l'ordre à son mari sur un ton dénué de tout sentiment *ça suffit maintenant, allons-y ! Tu vas te dépêcher, tu sais bien qu'on est pressé ! Allons-y !* Ils sont partis sans aucun état d'âme, sans même dire au revoir, en maugréant, et je me suis précipité auprès de la pauvre dame éplorée pour tenter de la consoler...

Quand j'ai su qu'au Kénya on s'apprêtait à introduire de tels mouroirs, inutile de vous dire que je m'y suis immédiatement opposé, exerçant des pressions pour les interdire et éduquer à la place les familles à prendre conscience de l'importance de garder leurs parents et leurs grands-parents à la maison.

Cela ne concerne ni le gouvernement ni les collectivités locales ni encore moins les politiciens, cela nous concerne nous et nous seuls, cela vous regarde vous et vous seuls, croyez-moi ! Je pense que cette question est liée à celle du mariage. Elle est liée à l'engagement. Oui, posez-vous la question de votre engagement auprès de votre époux ou de votre épouse et de vos enfants. Quelle en est la force ? Quelle en est la sincérité ? Car je suis convaincu que lorsque le mariage n'est pas fort il ne peut s'épanouir de famille forte, et sans familles fortes, c'est l'ensemble de la communauté qui s'écroule.

La famille, c'est vraiment le point de départ, le point d'ancrage et le lien qui fait circuler la vie, elle fait naître l'amour, elle est l'apprentissage dans l'amour du fait de se supporter mutuellement sans que l'on ait besoin de se battre ni de se séparer dans l'amertume.

Si par exemple, il y a une pomme de discorde avec mon épouse, ce qui peut arriver bien sûr, mes frères, des cousins ou même des voisins viennent aussitôt à la maison, nous parlons, l'incompréhension se dissipe aussi vite qu'elle est venue et notre couple continue comme la vie.

Je sais que chez vous, le lien familial, le lien entre frères, le lien entre cousins, s'est considérablement affaibli et a pour ainsi dire, disparu.

Combien de fois dans l'année voyez-vous vos cousins ? Vos frères vous rendent-ils souvent visite à votre domicile ?

Vous dites toujours que vous n'avez pas le temps, mais vous n'avez pas le temps pour quoi au juste ?

Vous courez pour produire car vous voulez produire plus, vous êtes dans l'addition permanente, mais est-ce vraiment suffisant ? Est-ce réellement la vie?

Bien sûr que non, ce n'est pas assez, ce n'est jamais assez et vous le ressentez très fort, car vous savez au fond de vous qu'il y aura toujours du temps pour toutes les choses essentielles, c'est un cadeau de la Vie, pour la simple raison que la vie sait fort bien que chaque être humain a besoin de beaucoup de temps pour se construire.

Si le temps vous le passez uniquement à produire, si vous demeurez par conséquent toutes vos journées à l'extérieur de vous, alors ne vous étonnez pas si votre âme, comme le temps, s'en est enfuie, et si la dépression arrive !

Ne vous étonnez pas si vous êtes sans cesse dans l'indécision et la frustration, si vous êtes comme vous dites, *à côté de vos pompes*, car vous n'êtes plus au centre de vous-mêmes, vous n'êtes plus reliés. Ne vous en voulez pas, vous ne pouviez pas savoir, vous n'avez guère été initiés à autre chose qu'à des formules théoriques, des idéologies rédigées par des théoriciens politiques, et des concepts inventés par des philosophes raisonneurs et suffisants, tout cela à travers des livres, tout cela pour ne servir qu'une seule chose: votre mental !

Vous n'avez rempli qu'un seul côté de vous-mêmes.

Ce qui vous empêche de recevoir la bonne énergie et d'être heureux. Retrouvez le temps de vivre, retrouvez-vous...

En Europe, j'ai également rencontré, habitant à domicile, des anciens, matériellement très riches mais ne vivant pas moins dans l'isolement et la solitude au cœur de leurs vastes propriétés et de leurs biens accumulés. Ils avaient tout l'argent du monde, toutes les acquisitions possibles et imaginables, et néanmoins ils mouraient d'ennui à petit feu, parfaitement seuls !

Je puis vous dire combien leur apparence était misérable.

Je me souviens en particulier d'une vieille femme issue d'une grande famille aisée auprès de qui je me rendis en Angleterre à la fin des années 90. Sa propriété était somptueuse mais elle, oh! mon dieu, elle était vraiment hideuse à faire peur, son visage, j'en ai encore froid dans le dos, faisait penser à du bois mort, elle paraissait si triste, si submergée par le chagrin, et ceci malgré toute l'opulence de sa vie matérielle.

Elle me confia n'avoir personne à qui parler !...

Le même hiver, en lisant le journal, j'appris que plusieurs anciens isolés avaient été retrouvés morts de froid à leurs domiciles, tout cela parce qu'ils vivaient seuls et qu'il avait manqué quelqu'un ne serait-ce que pour mettre ou remettre en route le chauffage de leur maison ou de leur appartement ! Ils ont gelé sur place, imaginez-vous cela, et pourtant ils appartenaient bien à une famille, à un voisinage, mais il n'y avait eu personne pour vérifier que tout allait bien, pas un voisin pour s'inquiéter de ne voir aucune lumière allumée dans le logement d'à-côté.

Terrifiant, n'est-ce-pas ?

Chez les Maasaï, si une telle chose impensable arrivait, il est évident que les voisins et les parents coupables d'une telle négligence et d'un tel manque d'amour, verraient la plus horrible de toutes les malédictions s'abattre sur eux.

Je veux que vous nous empruntiez ce que nous avons de plus cher, un trésor que nous avons su conserver en chacun de nous, je veux parler de l'aptitude à aimer et à aider spontanément en tout temps et en tout lieu.

Prenez-la, adoptez-la, faites-vous du bien et tout le monde en ressortira épanoui, soudainement désireux de faire le bien au lieu de se détruire.

J'ai en tête une autre image choquante, ce sont toutes ces personnes qui vivent et dorment dans la rue, du moins dans vos grandes villes. Jadis, lorsque je ne connaissais l'Europe que dans les livres et en rêve, je n'avais bien sûr pas pu imaginer un tel scénario catastrophe, pensant logiquement que ce genre de situation était à jamais réservée aux métropoles des pays pauvres, à Nairobi ou à Dar es-Salaam par exemple.

En présence de tant de mendiants dans les rues de vos villes, je me suis dit que les dizaines d'ONG occidentales spécialistes de la question des réfugiés et des sans-abri présentes au Kénya feraient bien de réfléchir à des solutions pour leurs concitoyens abandonnés de tous, malgré l'abondance matérielle affichée, avant de venir chez nous pour nous dire ce qu'il faut faire.

Quand vous portez votre regard sur tous ces mendiants, sur tous ces jeunes qui traînent, les yeux injectés de sang à cause de l'alcool et de la drogue ingérés en lieu et place d'une nourriture équilibrée, vous vous dites qu'ils n'ont plus rien d'humain, qu'ils sont devenus dangereusement artificiels, et vous ne cherchez qu'à fuir.

Ce groupe d'êtres humains privés de tout et surtout d'attention, ne cesse de grandir, et je me demande ce que le monde sera dans vingt ans si on continue de traiter les symptômes, et non la cause profonde de cette destruction de l'Homme.

Ce sera comme Hiroshima mais sans la bombe !

Tout explosera non pas parce qu'on aura fait usage de l'arme nucléaire mais parce qu'on aura négligé de s'intéresser humainement aux nouvelles générations.

Je n'ai pas peur de la bombe, j'ai peur de la façon dont on traite nos semblables, j'ai peur de l'absence d'humanité qui se dessine, j'ai peur enfin du fait que nos leaders semblent impuissants à parler vrai et à poser la question principale, du pourquoi ils laissent tout cela arriver, sans changer radicalement leurs façons de penser et de vivre afin de montrer l'exemple de ce que serait enfin une authentique transformation !...

Jeunes femmes nouvellement promues.

Bénédiction de la viande,
cérémonie de la «Plantation».

Au cœur d'une maison Maasaï.

Takuna, porte-parole de classe d'âge.

8

Traversez votre vie en maîtres et non plus en esclaves !

Egil Esipata oldoïnyio

La Vérité seule peut faire s'écrouler une montagne

Aujourd'hui, tout le monde s'inquiète des bouleversements climatiques, mais si tout le monde en devine la cause, il saute aux yeux que fort peu de personnes ont le courage de s'y attaquer vraiment afin d'y remédier.

L'homme a pollué durablement notre Terre-Mère

à cause d'une exploitation extrême de ses richesses.

Tout le monde le vit, tout le monde le voit, tout le monde en souffre, tout le monde en parle, mais combien agissent vraiment ?

Nous savons tous aussi que cette constante dégradation de notre environnement et de nos conditions de vie est due à la conception erronée selon laquelle la nature procurerait des richesses illimitées et serait là pour servir l'homme, pour être dominée.

A cause de cette exploitation concertée et planifiée à l'échelle de la planète que les Maasaï n'ont pas choisie, à cause de ce viol de la nature, comment l'appeler autrement ? notre relation unique à la Terre-Mère qui faisait notre grandeur, n'est actuellement plus suffisante.

Maintenant qu'on nous force à devenir propriétaires de notre terre, qu'on nous pousse à notre tour à ne plus respecter d'autres lois que les lois du marché, nos troupeaux sont confinés, piétinent le sol, tuent la diversité et finissent par mourir.

Alors même que notre terre était demeurée vivante et riche jusqu'au début du vingt-et-unième siècle, parce que nous avions su la conserver intacte et que nous en connaissions les limites, en particulier dès les premières alertes de surexploitation d'un endroit, nous en changions, et puis les animaux sauvages, dont nous avons en pays maasaï la plus grande densité et diversité au monde, étaient bien plus que tolérés, ils faisaient intimement partie de notre vie...

En 2001, 20002, 2003 et 2004, nous n'avons pas eu une goutte de pluie, de mémoire, les Maasaï n'avaient jamais connu un tel cycle de sécheresses avec ces quatre années consécutives repeintes en jaune de terre stérile réduite en poudre. La question est devenue très claire pour nous, pasteurs entièrement dépendants d'un environnement si fragile avec lequel nous avons vécu en parfaite harmonie durant des millénaires:

comment allions-nous survivre ?

Je vais vous donner des exemples de ce que l'imposition de votre système occidental fondé sur le profit à court terme est en train de nous apporter.
Tout d'abord, savez-vous que malgré les terribles sécheresses qui nous tuent, les nouveaux propriétaires terriens venus de Nairobi et de l'Etranger, attirés par la *nouvelle frontière* que le pays maasaï est devenu, utilisent le peu d'eau qui reste pour irriguer leurs gigantesques plantations d'agrumes et de fruits

de la passion destinés à l'exportation ?

Savez-vous aussi que des serres géantes ultramodernes de fleurs ont remplacé nos pâturages sur des dizaines de kilomètres ?

Savez-vous surtout que si une vache se risque à y paître à proximité, elle meurt sur le champ à cause de l'Agrinet, un puissant fertilisant utilisé à très haute dose pour que les fleurs poussent en un temps record ?

Sans parler des hangars à autruches et des poulaillers bétonnés à grande échelle qui détruisent définitivement une terre que nous avions mis des siècles à respecter dans sa biodiversité...

Ensuite, notre terre est cassée, vidée de sa richesse en plantes, en herbes, en fleurs et en insectes, retournée pour vivre ses derniers instants au seul profit d'une poignée d'individus qui ont eu l'idée de changer notre savane en champs de céréales.

Du blé pour faire du pain blanc industriel sans vie, et aussi de l'orge pour confectionner de la bière tueuse de la moindre résistance.

Ils épuisent le lieu, dont la couche de terre est peu profonde, en moins de quatre ans, et répètent l'opération ailleurs jusqu'à ce que toute vie se soit retirée, tout en sachant qu'il faudra au mieux cinquante ans pour que la nature recouvre un peu de sa santé originelle !

Nous, Maasaï, nous souffrons parce que *l'agrobusiness* doit survivre, le sort qui nous est réservé est donc la mort, n'est-ce-pas ? Voulue par qui ?

Puisque nos animaux sont décimés, que notre végétation est détruite, que nous sommes désormais contraints pour survivre d'acheter des aliments qui, je le sais, sont génétiquement modifiés...

Nos enfants deviennent les cobayes du *village global* en train de se former à très grande vitesse !

Je sais aussi qu'on a délibérément introduit de nouvelles maladies affectant nos vaches dans le but de nous contraindre à acheter des produits chimiques fallacieusement décrits comme des produits miracles alors qu'avec le recul on se rend compte qu'ils ne font que les affaiblir davantage et permettre au contraire aux maladies de s'étendre dans d'infernales proportions.

Sans compter que ces produits ont rayé de la carte des espèces entières d'oiseaux comme ce passereau au bec rouge et au chant si mélodieux qui se nourrissait des tiques de nos vaches...

Et que dire de l'apparition aussi soudaine qu'effrayante d'une plante verte hautement toxique et totalement étrangère à notre pays, de la famille des ipomées, qui a récemment colonisé en un temps record nos herbages ? Un nouveau fléau qui s'avère tout aussi grave que les sécheresses répétées mais à mettre également, à n'en pas douter, à la rubrique déjà surchargée des dégâts collatéraux provoqués par la course à l'argent et au contrôle planétaire !!!

Je me répète encore une fois: pourquoi la vie devrait-elle disparaître au profit de l'argent ou d'un plan d'exploitation sans foi ni loi ?

Les Maasaï auront jusqu'au bout la force de dire Non à la mort ainsi programmée sous couvert de découvertes scientifiques qu'ils sont supposés ne pas comprendre.

Mais je puis vous affirmer que nous les comprenons fort bien et que nous les rejetons en bloc parce que nous désirons vivre et que nous voulons que la Terre-Mère continue de nous protéger et de nous nourrir. Et je vous demande aussi, à vous qui vivez en Europe, de changer vos pensées et vos comportements, afin que ce type de développement tueur soit définitivement banni de chez vous et aux quatre coins de la planète. Redécouvrez la puissance de l'Amour avec ses lois cosmiques d'abondance pour tous !

Notre avenir commun en dépend. Changez mes amis, c'est si facile, n'attendez pas que ce soient les événements extérieurs qui dictent votre conduite !

Décidez-vous à traverser votre vie en maîtres et non plus en esclaves, et le miracle de la transformation s'opèrera, vous n'avez plus le temps de douter, même si les changements du climat participent à l'évidence d'un programme diabolique volontaire pour vous asservir et nous rendre dépendants.

Nous ne pouvons plus rester là à regarder sans rien faire s'installer l'irréparable, tuer notre terre, tuer les insectes, les oiseaux, les arbres, et finalement l'Homme, ou alors la pire de toutes les malédictions s'abattra sur nous à la tombée de la nuit.

Les Maasaï ont une expression pour cela: *tu ne peux pas rester assis à l'entrée du village jusqu'au soir !* ce qui signifie qu'au lieu d'être le spectateur de ta vie, tu dois en être l'acteur.

Vous voyez, c'est clair, vous devez agir sans tarder car nous sommes tous dans le même bateau, et vous devez imprimer au plus profond de vous-mêmes: *le bateau coule !* Joignez-vous à moi par la Pensée, nous allons former ensemble un cercle puissant qui sera connecté à l'univers.

Enkaï veille, *Enkaï* est l'Intelligence cosmique, il est notre Etre Suprême, nous sommes tous reliés, et un jour, pas si lointain, toutes les ombres qui vous empêchent de voir la Lumière se seront dissipées d'un seul coup.

Car la Lumière finit toujours par s'imposer.

9

Notre divine connexion nous rend
le regard clair et la démarche alerte !

Osina kishon: te naa ilmurran, nintaa minyi

La souffrance est un don ; si les guerriers en sont la source, faites-en vos pères !

En tant qu'Etres Humains, nous sommes tous concernés par la question cruciale du « comment allons-nous sortir de ce piège ? »

Je vous le dis simplement, c'est en vous engageant vraiment et en appliquant au quotidien, pour vous-mêmes et pour les autres, les valeurs humaines fondamentales qui sont en chacun de vous dans votre Esprit et dans votre âme, et qui vous permettent d'être ce que vous êtes.

Car à partir du moment où vous prendrez conscience que vous les avez bel et bien, les attaques contre elles et donc contre vous s'avèreront vaines et stopperont avant même que vous n'ayez eu à faire quoi que ce soit.

Sachez que tous ceux qui participent à ces attaques le font parce que précisément ils les ont perdues, et qu'ils sont devenus comme des coquilles vides, absolument vides. Proies faciles, ils ne ressentent plus rien parce qu'ils n'ont plus l'amour et l'enthousiasme dans leurs cellules, parce qu'ils n'ont plus l'Esprit de vie qui les a désertés, et que par conséquent, n'ayant plus rien d'humain, ils sont devenus insensibles, robotisés. C'est d'ailleurs pour cela qu'ils n'ont aucun mal à vous traiter comme de vulgaires objets.

Maintenant, posez-vous, réfléchissez et demandez-vous:

où suis-je ? Qu'en est-il de mon courage ? Suis-je relié ? A quoi et à qui suis-je relié ? Que vaut une vie humaine ?

Telles sont les questions auxquelles vous devez d'abord répondre, au lieu, d'emblée, de vous plaindre toujours et encore, et d'être dans la confrontation. Nul besoin de tout cela, non ! Faites d'abord confiance à votre petite voix intérieure qui à coup sûr saura enlever vos doutes en vous montrant le chemin de qui vous êtes et de ce que vous devez entreprendre pour améliorer enfin votre situation.

C'est facile dans la mesure où les valeurs humaines qui proviennent de l'âme sont naturelles, vous n'avez juste qu'à les accueillir, tandis que les entreprises destructrices et manipulatrices menées par ceux qui les nient, sont purement factices, inventions du mental qui, si vous les prenez comme telles, se dissoudront aussitôt.

Nous, les Maasaï, nous ne nous en faisons jamais, même si notre situation s'avère être dramatique. Nous repoussons sans cesse nos limites et nous nous adaptons à chaque seconde à ce que nous dicte notre environnement intérieur et extérieur.

Nous savons le faire parce que nous sommes centrés.

Nous sommes profondément enracinés grâce à nos valeurs culturelles qui sont fondées sur l'amour et le lâcher prise que nous recevons dans nos cellules à travers un fil initiatique branché directement sur l'âme et l'Esprit de chacun de nous.

Notre divine connexion nous rend le regard clair et la démarche alerte !

C'est aussi cette attitude qui nous relie en permanence à l'Etre Suprême et qui nous a permis jusqu'à ce jour de garder la tête haute face à la menace, de continuer d'avoir, selon notre expression, *le regard clair et la démarche alerte*, et d'éviter de tomber dans le piège illusoire de la modernité.

Je veux que vous aussi, vous en sortiez maintenant, je veux que vous retrouviez vos racines, votre âme et votre centrage qui, au fond de vous, ne demande qu'à être activé, qui n'attend plus que vous. Alors, j'en suis sûr, vous recouvrerez la plénitude de vos capacités humaines et vous n'aurez plus besoin de recourir à la confrontation, de même que rien ni personne ne pourra plus vous manipuler.

La confrontation, ce n'est pas bon, car ça vous pollue intérieurement, apprenez plutôt à fonctionner comme dans la nature, sans séparation !

Accueillez les contraires afin de les harmoniser, c'est seulement ainsi que la dualité deviendra inséparable et ne sera plus la dualité.

Savez-vous que c'est l'équilibre de soi qui seul pourra vous permettre de respecter efficacement la nature actuellement martyrisée ?

C'est principalement à cette maîtrise des contraires que nos jeunes gens sont initiés, pour cela que l'on sacrifie à chaque étape franchie un taureau et qu'on leur en donne à manger deux paires de morceaux différents.

Notre divine connexion nous rend le regard clair et la démarche alerte !

Dans la première, le cœur, pour que la raison gouverne leur vie, et les poumons, qui représentent la compassion et la tolérance.

Dans la seconde, la graisse qui symbolise le succès, et de la viande maigre qui représente l'échec.

Ce rituel capital est très utile pour bien leur montrer l'interaction positive qu'il y a toujours entre des contraires.

Il est capital afin de bien assimiler qu'il faut soi-même opérer constamment des mouvements de navette entre deux points, deux états, deux groupes, deux êtres, etc. pour que le côté apparemment contradictoire et négatif d'un élément soit a contrario perçu comme le signe avant-coureur de quelque chose de bon, ce qui est invariablement le cas puisque c'est une loi cosmique.

Nous autres, nous acceptons toujours les aspects les moins agréables au quotidien parce que nous savons pertinemment que demain sera un autre jour avec de nouvelles possibilités à saisir.

Intégrez-le dans votre vie et vous serez surpris de constater que ça marche, vous ne serez pas long à attendre, croyez-moi! Vous ne serez pas long à ressentir que vous êtes vivant, que vous êtes des êtres humains à part entière. C'est cela le mystère de notre royauté !

Telle est la différence entre les Occidentaux perdus et les

Maasaï initiés.

Perdus pourquoi ? Parce qu'ils ont tourné le dos à leur âme et à l'Esprit qui les anime. Ils sont devenus impotents, toujours pressés comme si la fin du monde était imminente.

C'est tout à fait déplacé, ça n'a rien à voir avec la réalité. La réalité, la seule, c'est d'accepter de s'enraciner en harmonisant les contraires et alors, votre âme vous guidera quoi qu'il arrive, vers ce qui est bon pour vous.

Ne vous laissez pas destabiliser par ceux qui n'arrêtent pas de maugréer *tout est fini !*

C'est loin d'être fini, c'est même tout à fait hors de propos. Ce serait en effet le cas si votre âme s'en était allée ! Mais soyez rassurés, elle est bien là en chacun de vous prête à vous aider. Vous n'avez juste qu'à lui faire confiance en étant vous-mêmes, au lieu de toujours vous opposer et invariablement de recourir à la violence.

Qui suis-je ? Que se passe-t-il autour de moi ? Qui est responsable?

Posez-vous la question, et pointez du doigt votre intérieur et non pas l'extérieur, pour arrêter de vous décharger de votre responsabilité sur quelqu'un d'autre.

Vous voyez, les Maasaï sont bien plus que vous aviez imaginé, n'est-ce-pas ?

J'ai toujours été extrêmement choqué par l'image que l'on veut donner de nous auprès des touristes. Nous serions des sauvages ! à l'égal des buffles, des lions, des éléphants, c'est-à-dire que nous sommes mis sur un même plan, cela m'offense beaucoup.

Vous qui venez au Kénya ou qui allez y venir, je puis vous dire combien les Maasaï sont de votre côté, combien ils vous aiment, combien ils veulent partager avec vous, combien ils ont l'ardent désir que vous ressentiez leur chaleur humaine, leur sens de l'hospitalité, et que vous compreniez pourquoi ils sont si faciles à vivre.

Ils veulent surtout vous transmettre les grands secrets de leur âme qui, quoiqu'il arrive, leur permettent d'être éternellement joyeux.

Ils veulent enfin vous révéler que nous faisons tous partie de la grande famille des Hommes, qui s'enrichit des différences de chacun de nous.

Tous autant que nous sommes, nous sommes différents, il faut que vous le sachiez, et il est pourtant là, ce lien fécondant qui nous unit, la plénitude illimitée de la Vie qui nous permet individuellement d'apporter une pierre à l'édifice d'un monde meilleur. Un monde où les hommes et les femmes seront redevenus comme des enfants, enthousiastes et plus jamais soucieux.

Enlevez vos peurs une fois pour toutes de votre vocabulaire

de tous les jours, dites *je ne suis pas triste ! Je n'ai pas de chagrin, pas de stress, pas de désespoir ! J'ai confiance dans la Vie !* comme nous l'affirmons, nous, jour après jour, nous qui vivons dans la convivialité d'un voisinage constamment activé et réactivé pour faire face aux besoins des uns et des autres.

Et le soutien ainsi généré n'est pas uniquement matériel, en fait celui-ci n'est que secondaire, mais ce sont à chaque fois des occasions de partager dans la joie et la bonne humeur, partager entre parents et amis, des conversations, des chants, des contes, des devinettes et toutes sortes d'expériences humaines, autant de choses pleines d'amour qui sont pour nous autrement essentielles que les ingrédients artificiels de la consommation dont on voudrait nous faire croire que c'est désormais, ce que les gens attendent.

Le message que je vous adresse ici, mes très chers lecteurs, est un message d'espoir parce qu'il est facile à mettre en oeuvre et qu'il n'y a pas d'autre alternative:

l'Humanité ne survivra que si tous, nous prenons conscience qu'en étant au centre de nous-mêmes, nous serons reliés entre nous et connectés à la même énergie divine. Cette connexion est en chacun de nous, en chacun de vous, individuellement. L'énergie cosmique est en vous, c'est cela la vraie révolution, c'est cela que les Maasaï ont découvert depuis des millénaires.

C'est parce que vous l'avez oublié que vous avez commencé à avoir peur du monde et à être ballottés par les événements extérieurs.

Notre divine connexion nous rend le regard clair et la démarche alerte !

Une sensation atroce, inhumaine, de solitude s'est peu à peu emparée de vous et a fini par se substituer à la chaleur si rassurante de vos sentiments humains. N'est-ce-pas la vérité ?

C'est parce que vous refusez de la voir en face, parce que le courage vous manque, que vous vous inscrivez dans une course sans fin avec l'espoir d'entrevoir le bonheur à l'extérieur de vous alors que vous ressentez dans votre for intérieur que vous vous mentez à vous-mêmes.

Soyez plus forts que la désinformation !

Comme je l'ai dit, vous aurez beau pointer votre index à l'extérieur, il restera toujours, repliés vers vous à vous narguer, votre majeur, votre annulaire et votre auriculaire, une majorité écrasante de doigts fraternels, pour vous appeler à changer de perspective et à réviser votre attitude.

Toutes les réponses à vos interrogations émergeront dans la clarté d'un jour nouveau parce que vous aurez enfin accordé du crédit à la divinité qui vous habite.

Regardez ce qui se passe aujourd'hui avec Internet, n'est-ce-pas la parfaite et tragique illustration de ce que je viens de vous dire ? Regardez cette véritable ruée pour y rechercher le grand amour, comme si cette petite boîte bourrée de technologies renfermait le dernier espoir de briser votre solitude et votre désespoir !

Une farce savamment orchestrée n'est-ce-pas? alors que celle-ci n'aurait eu aucune chance de voir jamais le jour si vous n'aviez pas oublié que vous pouviez commander à votre âme et que seule cette dernière pouvait permettre à vos désirs de se réaliser.

Votre véritable Internet, c'est votre âme, n'en doutez plus !

Et votre âme, c'est tout sauf un gadget. L'amour, vous le trouverez au fond de vous et non pas à l'extérieur.

C'est incroyable tout de même que l'homme en arrive à ce point de solitude et de désespoir, c'est pour moi profondément égocentrique: se sentir tellement coupé des énergies cosmiques, tellement vide, au point de crier à l'aide, au secours...Mais il ne sert à rien de se faire du souci et de se lamenter puisqu'au final la réponse est, et sera toujours en vous.

Réfléchissez à toute la force qui est en vous, à toute la vie qui coule en vous, il suffit que vous l'affirmiez je vous l'assure pour que vous le ressentiez enfin, pour qu'elle se concrétise aussi à l'extérieur... Mais d'abord, il convient que tout ce courant d'abondance remonte des profondeurs de votre Etre. Vous êtes chez vous dans ce monde de l'abondance, osez ! C'est un peu comme si la lumière du soleil diminuait parce que vous en prenez !!! Il vous faut calmer votre mental.

Nous les Maasaï, pour illustrer cette loi cosmique que nous appliquons depuis des millénaires, nous proclamons *un pauvre ne peut aider un autre pauvre !*

Nous faisons confiance à la vie qui n'est que plénitude, la confiance en la vie n'attire que plénitude, affirmez-le très fort à vous-mêmes en permanence et vous l'obtiendrez au lieu de perdre votre temps inutilement et le peu d'énergie qui vous reste à faire confiance à une machine et à ses promesses mécaniquement mises en scène.

Le Pouvoir qui est en vous est si énorme,

que vous n'en avez même plus conscience mais dès le moment où s'opèrera un début d'éveil et de réalisation, vous constaterez que tous vos soucis et toutes vos peurs n'étaient que pure invention.

Au contraire, si vous pensez que vous êtes vides et que vous devez à tout prix combler ce vide par de l'anecdotique qui vous est étranger, alors vous perdrez pied de plus en plus.

Si nous autres Maasaï croyons fermement en nous et si nous sommes forts, c'est que nous savons que nous ne craignons rien tant que nous restons sur notre chemin.

Faites de même, ayez foi en vous, en vos forces illimitées, et vous obtiendrez tout sans devoir vous opposer à quoi que ce soit parce que vous aurez commencé à ne plus être extérieurs à vous-mêmes.

Soyez non résistants, non violents comme nous, juste généreux envers vous-mêmes, enthousiastes dans toutes vos entreprises, dans la compassion envers les autres, mais de grâce, n'attendez jamais que la solution vienne de l'extérieur car alors, profitant de votre faiblesse intérieure, celui-ci vous détruira au lieu de vous aider, c'est une certitude.

Je me sens vraiment mal lorsque je pense à tous ces gens qui se lamentent à longueur de journées et s'inquiètent dans leurs coquilles vides au lieu d'être créatifs et confiants des solutions à tous leurs faux problèmes. Arrêtez de vous inquiéter, arrêtez de vous plaindre, soyez vous-mêmes, je vous en conjure, parce que je ne le répèterai jamais assez: Dieu est en vous, vous avez une âme, vous êtes connectés à l'énergie cosmique, à l'Etre Suprême, qui vous connaît depuis bien avant votre naissance et qui vous a tracé votre chemin.

Tout est possible à chaque instant !

Affirmez-le !

C'est ce que nous avons expérimenté, c'est ce que nous savons, c'est ce que je vous révèle aujourd'hui: nous ne faisons que suivre dans l'acceptation et le lâcher prise ce chemin qu'il nous a individuellement destiné.

C'est l'unique raison pour laquelle nous sommes en vie,

parce que nous avons une âme et un Esprit reliés, et que nous avons chacun notre propre chemin à suivre.

Mais pour que ce chemin s'accomplisse, le conseil que je vous donne, mes chers amis, c'est qu'en accord avec votre petite voix intérieure vous identifiiez votre objectif de vie et que fermement vous vous y teniez.

Que rien ne vous en détourne, plus jamais, car tel est votre chemin, le seul qui vous corresponde. A chaque fois que vous vous en écarterez, vous vous sentirez perdus, vous voyez, vous n'avez plus le choix.

La vie n'est pas facile, comme chacun sait, il y a des hauts et des bas, mais si un obstacle se dresse sur votre route, si une barrière vous frappe de plein fouet en vous arrachant des cris de douleur et que vous baissez les bras, pensant que vous êtes finis, c'est à votre vie que vous attentez.

En fait, cette difficulté fait partie de votre route, vous devez franchir l'obstacle, vous devez sauter par-dessus, et sûrement que, derrière cette immense barrière, qui vous paraissait infranchissable, vous attendent la Lumière, l'amour, le bonheur et la joie de vivre. C'est un test de croissance intérieure !

Pour atteindre votre objectif, vous devrez faire de nombreux pas sur un terrain accidenté et vous y habituer, même si vous aviez imaginé emprunter une route bien tracée et sans ornières, mais qu'importe lorsque vous savez que c'est votre chemin et qu'il n'y en a pas d'autre.

Alors, pourquoi se faire du souci de ce que sera demain ? Allez-y en toute confiance, foncez et il en sera fini de vos lamentations et de vos sarcasmes envers vos parents, vos amis, vos voisins, vos collègues de travail, votre gouvernement et qui sais-je encore !

N'ayez plus de pensées négatives, défaitistes du genre *j'ai raté ma vie, je suis fini !* Jamais de la vie, vous n'êtes, ni ne serez finis, vous avez une âme, ne l'oubliez pas, et le sachant, vous serez désormais toujours aidés quoique vous fassiez.

Croyez en vous, soyez centrés. Etre centré, c'est tendre en toute conscience vers son objectif. Dès que vous aurez entendu ou lu mes paroles, décidez une fois pour toutes de vous mettre ou de vous remettre sur votre chemin, tendus vers votre cible de Vie, et ne revenez plus jamais sur votre décision. ***Soyez comme des guerriers de Lumière !***

C'est l'unique chance qui nous reste, c'est l'unique occasion qui nous est laissée, pour très peu de temps encore, de reprendre en mains nos destins individuels et ainsi de sauver notre Terre-Mère.

Lors de mes nombreux déplacements en Europe, j'ai pu voir et ressentir combien, au quotidien, vous vous découragiez vite pour trois fois rien, pour des détails, pour des choses sans importance, cela m'a frappé, je vous le dis, et même m'a décontenancé, le mot est faible...

Comprenez bien qu'il n'y a en cela absolument rien d'anormal, que ce sont de toutes petites épreuves qui vous sont adressées afin que vous appreniez à ne point baisser les bras, jamais, mais aussi que vous les surmontiez et deveniez plus forts sur votre chemin.

Car c'est bien de cela surtout dont il s'agit, Votre chemin, ces obstacles mis en travers de celui-ci, étant à interpréter comme des ralentisseurs pour vous tester et vous faire dévier de votre objectif sincère et lumineux. Tenez-en compte mais que cela ne vous paralyse pas dans votre progression, que cela ne vous fasse pas renoncer à vos valeurs.

C'est, je vous l'avoue, à ce stade, souvent anodin, voire anecdotique et peu spectaculaire, que, simultanément à votre refus de sauter les premiers obstacles, vous prenez la mauvaise habitude d'emprunter le chemin des autres et vous vous fourvoyez pour très longtemps en faisant mine que tout va pour le mieux dans le meilleur des mondes.

C'est aussi là que vous commencez à devenir envieux de votre voisin qui a des biens matériels et donne l'apparence d'avoir réussi dans la vie, c'est enfin là que vous ressentez au fond de vous que vous faites fausse route, que vous vous sentez de plus en plus aigris, malheureux, stressés, fébriles, malades... et que sais-je encore !

Ce n'est pas votre chemin, tout simplement, car si c'était le cas, vous auriez connu l'abondance, c'eût été pour vous la voie du Sacré et de la Spiritualité, et vous n'en seriez pas sorti....

Vous n'auriez plus eu peur d'être emportés par le vent, vous seriez enfin redevenus vous-mêmes comme au jour de votre naissance où le Créateur vous a donné un but à poursuivre inlassablement, un but particulièrement utile pour tous à commencer par vous-mêmes.

Mes chers amis, vous qui m'entendez en ce moment ou plutôt qui entendez l'Etre Suprême parler à travers moi, je vous demande d'intégrer ce que je viens de vous dire en observant le Silence. C'est essentiel dans la mesure où la digestion patiente et ressentie de ce que je vous ai révélé vous empêchera désormais de remettre en cause comme avant, sur le mode externe de la confrontation, votre situation négative que vous avez vécue jusqu'ici.

Vous deviendrez peu à peu conscients de l'intérieur que c'est constamment vous qui menez votre corps et votre vie comme bon vous semble, que c'est vous qui acceptez ou refusez les éléments extérieurs susceptibles de vous affecter.

Conscients aussi que c'est vous qui, par votre transformation, amenez les autres à se ranger à ce que vous avez intimement décidé sans avoir eu besoin de le proclamer haut et fort, ce qui n'aurait pas manqué un fois encore d'être perçu comme de la provocation ou de l'intimidation.

Vous deviendrez de plus en plus attentifs à votre petite voix intérieure !

Vous vous détendrez, ils se détendront, tout le monde y

gagnera, croyez-moi, et vous passerez votre chemin, la vie continuera de la plus paisible des manières, dynamisée par ses deux aspects, ses deux visages, et chaque jour réinventée, réénergétisée: la nuit puis le jour, la lune puis le soleil, la joie puis la tristesse...

Vous aurez enfin intégré dans vos cellules cette loi immuable que rien ne s'opère sans la tension des opposés, et que par conséquent qu'il est vain d'évacuer d'un revers de la main ce que vous considérez à tort comme du négatif. Sans lui, ce que vous estimez être le positif pour vous n'existerait pas, n'est-ce-pas ?

Vous aurez enfin compris, comme les Maasaï qui le pratiquent depuis si longtemps, que votre harmonie se situe au point d'équilibre entre les deux, quelles que soient les circonstances.

Or, si vous n'équilibrez pas les choses, alors vous perdez l'équilibre, si vous perdez l'équilibre, vous sortez du chemin, si vous en sortez, vous perdez le cap et ne l'ayant plus, vous commencez à vous en faire pour tout, vous commencez à vous sentir seuls, vous commencez à ennuyer vos proches, à harceler le premier venu, vous vous habituez très vite à tout dénigrer et à trouver la vie un enfer puisque tout est devenu impossible, et bien sûr en bout de chaîne, vous finissez par trouver normal de pointer du doigt telle ou tel, untel ou une telle.

C'est comme si nous, les Maasaï, nous nous contentions de pointer du doigt telle ou telle multinationale implantée chez nous, et pourtant Dieu sait si la raison nous dicterait de le faire !!!

Mais le problème majeur, ce n'est pas cela, le problème n°1 c'est Moi, parce que je ne suis plus enraciné et que j'ai perdu mon art de l'attention à ma propre vie et aux valeurs humaines qui sont universelles, et que si j'étais resté concentré et suffisamment fort, rien ni personne, n'eût rien pu faire contre mon Etre, ma liberté et ma vie, jamais.

Comportez-vous comme un roc, imperturbable, solide, immuable, si du moins vous voulez réussir votre vie, tenez debout, même dans la tempête, soyez comme *l'oreteti*[3], qui «rafraîchit» votre âme par son immense ombrage !

C'est parce que vous vous êtes affaiblis, par manque de racines suffisamment profondes, par manque d'engagement aux côtés des seules et uniques valeurs humaines qui proviennent de votre Esprit et de votre âme, que tout le négatif et uniquement du négatif en a profité pour s'engouffrer au plus profond de votre Etre qui s'est soudain retrouvé exposé à tous les vents.

C'est parce que vous êtes devenus si fragiles, si faibles, si dépendants des circonstances, que vous en êtes venus à accepter l'inacceptable: le massacre ou l'empoisonnement en masse de la nature et de la multitude d'espèces que nous, Maasaï, avions mis tant d'énergie et d'amour à préserver ...

C'est parce que tout n'a toujours tourné qu'autour de ce que vous aviez, que vous n'aviez pas, que vous n'aviez plus, et de ce que les autres avaient, n'avaient plus ou allaient avoir !

3 - Arbre sacré des Maasaï, figuier sycomore, très imposant.

Bref, tout cela à cause d'un grand vide spirituel et donc d'un manque de but dans la vie qui vous a jusqu'ici empêché de connaître le si vibrant sentiment d'Etre...

Un jour, un journaliste m'a posé la question:

croyez-vous que la civilisation soit arrivée à son terme ?

Je lui avais rétorqué: *pourquoi me posez-vous cette question ? Etes-vous inquiet que ce soit la fin ?*

— *Oui, je suis très inquiet !* m'avait-il répondu. La peur dans sa voix était palpable. Je me souviens en avoir profité pour l'interroger à mon tour de façon très directe:

selon vous, qu'est-ce-que la civilisation ?!

— *le progrès !* m'avait-il susurré sans conviction, mais sur le ton de celui qui récite une leçon.

J'avais poursuivi: *quand l'Occident a affirmé venir en Afrique pour la civiliser, c'était bien sûr un mensonge pour lui permettre d'aller au cœur de la Terre-Mère des peuples premiers et tuer leur osmose originelle, tuer leur Vie, eux qui avaient jusque-là vécu sans peur et en paix.*

L'Afrique a été qualifiée de continent des ténèbres alors que nous étions baignés de Lumière et que les peuples avaient inventé l'art de vivre ensemble. Par jalousie de l'avoir perdue, ou par ignorance, l'Occident a voulu détruire cette harmonie, rendre la terre plate, mais la terre n'est pas plate, elle est circulaire et donc à jamais reliée...

Si en effet civilisation veut dire pollution, bombes, rencontres sur internet, alors civilisation signifie folie et destruction de la Vie, de l'âme, de l'Esprit, vous vous rendez malades à votre insu en vous rendant totalement dépendants de choses artificielles qui vous sont étrangères...

Si c'est cela ce que l'on nomme la civilisation, alors oui, je n'hésite pas à proclamer que c'est la fin de la civilisation, oui,

C'est la fin de la manipulation des consciences

qui sévit à l'échelle de la planète depuis trop longtemps dans le but de tuer la véritable humanité, c'est-à-dire l'humanité primordiale qui est issue de la Terre-Mère, et de façonner à la place un homme nouveau déraciné...

La vérité est que si une authentique *civilisation* avait réellement existé, elle n'eût été qu'un moyen d'évolution au lieu de n'avoir jamais signifié autre chose qu'une fin en soi n'autorisant sans fin qu'une fuite en avant. Par conséquent, il est logique que vous soyez de plus en plus nombreux à ressentir que ce n'est pas de *civilisation-fuite en avant* dont nous avons dorénavant besoin mais de profonde transformation intérieure pour que nos façons de penser, d'agir et de nous nourrir, se fassent enfin au bénéfice de l'Homme et non plus à son détriment.

Pourquoi selon vous les Maasaï ont-ils constamment été qualifiés de *Peuple le plus conservateur de la planète* ?

Ce n'est bien sûr pas pour les raisons qui ont été avancées, que ce soient notre soi-disant farouche volonté de conserver pour conserver nos traditions, fallacieusement qualifiées de folklore pour en détruire le sens, ou encore notre supposé mépris des innovations.

Non c'est juste parce que nous avons tenté de tout temps, de

conserver notre relation divine avec le cosmos

pour préserver la Vie sur terre, sachant que si nous la perdions, nous irions à notre tour rejoindre l'infernal artifice de la consommation et par conséquent ne servirions plus à rien.

Je puis vous dire aussi combien je communique quotidiennement et je me recharge auprès des autres peuples premiers et en particulier les *Aborigènes* d'Australie, dont je ressens la même intense vibration d'amour pour préserver la Vie...

Dans le cosmos, tout est rond, eh! bien, chez nous, aussi, à commencer par nos villages, nos maisons, nos colliers, le cercle nous rappelant, où que nous soyons, que nous sommes tous connectés à un même point central.

C'est pourquoi nous croyons si fort aux forêts, aux eaux pures, aux insectes, aux oiseaux, au pouvoir et au rôle que la plus petite des créatures a en propre pour la Vie dans le respect du code édicté par le cosmos: si la moindre d'entre elles disparaît, nous la ressentons comme une perte et elle est irremplaçable pour nous mais aussi pour le cosmos.

Je veux que tous ensemble, nous ressentions l'envie de réparer le cosmos, je veux que tous ensemble nous désirions très fort réintégrer le cercle pour que le monde retrouve sa forme originelle. Imaginez la force et la beauté d'une forêt vierge, imaginez toutes ses essences, toutes ses fragrances, toutes ses sources d'eau pure, tout cet air vivifiant, toute l'énergie qui se dégage de ses arbres changeant en permanence les rayons de lumière en vibration cosmique ! Ils sont les poumons de la planète. Que ferions-nous sans eux, n'est-ce-pas ?

Et pourtant ! Les forêts primaires ont presque toutes été rayées de la carte et vous avez cru pouvoir les remplacer, en en replantant d'autres tout simplement... mais qu'elles sont laides ces forêts artificielles, vous ne trouvez pas !? Elles n'inspirent que l'ennui, avec ces arbres alignés comme à l'abattoir, par nécessité et sans amour !...

A votre tour, si vous aussi vous vous mettez en ligne les uns derrière les autres, comme ces arbres génétiquement modifiés, où comptez-vous aller? Vous n'atteindrez jamais le centre, votre centre, et vous demeurerez dans la confusion en sachant que le lien peut être rompu à tout moment.

Si au contraire vous vous reliez à une chaîne circulaire, vous ressentirez votre force parce qu'il n'y a pas de fin, vous serez en totalité avec vous-mêmes et en liaison avec toutes les créatures éveillées.

Je vous demande, mes chers et tendres amis, de méditer, de penser à tout ceci, ce ne sont pas des paroles en l'air, ce sont juste des lois immuables, celles créées par le cosmos et la nature depuis la nuit des temps, et, malgré le refus de certains, elles ne sont pas près de changer, croyez-moi !

Vous n'avez seulement qu'une chose à faire, à vous en tenir à ces lois, ne vous occupez plus du reste, la nature seule sait ce qui est supposé arriver, ne vous torturez pas les méninges pour rien, parce qu'apaisés, grâce à votre observation de ces lois, vous aurez définitivement acquis une attitude positive face aux événements.

Sortez du rang, de la finitude de la ligne droite où vous vous êtes perdus dans l'isolement et la peur de la mort, et rejoignez-moi, mes tendres frères humains que j'aime tant, dans le cercle infini, pour revenir à qui vous êtes et célébrer notre joie commune d'être en Vie.

L'un de vos philosophes a dit *Small is Beautiful* ! C'est vrai, c'est en commençant tout petit, là où l'on peut, là où c'est possible, par exemple en vous nourrissant de produits naturels et en encourageant ceux qui les cultivent, que l'on a un début de réalisation et que l'on est encouragé à continuer, n'est-ce-pas ? Sinon, on baisse d'emblée les bras, on n'y va pas, on préfère ne rien faire, ne pas se faire remarquer, surtout ne pas sortir de son alignement même si c'est un entêtement.

A l'inverse, ayez toujours en tête que les multinationales elles aussi ont commencé petit avant de contrôler le monde. L'étincelle du début s'est muée en un gigantesque brasier, alors ne pensez-vous pas que pour votre transformation, il pourrait en être de même ?

Le plus dur, c'est de décider.

Mais sachez que vous aurez beaucoup de soutiens et qu'ils se multiplieront à mesure car il en ressortira la Vie et non pas le feu maléfique qui couve, la Vie revenue à la normale, c'est-à-dire redevenue pure de tout mensonge et abondante.

Vous vous délecterez à nouveau de lait frais entièrement naturel, de miel concentré subtil de fleurs parfumées d'air pur et de sources claires, et vous proclamerez *que c'était facile, c'était là, en moi, et je ne l'avais pas vu !* Oui, c'est facile, c'est en vous, ce n'est pas comme dans la science où l'on met toute son énergie à analyser et à prouver les choses, n'est-ce-pas ?

Dès qu'une partie au moins d'entre vous aura réalisé et mis

en pratique ce que vous Etes, à savoir des maîtres de vous-mêmes qui maîtrisent les circonstances de la vie, il ne fait aucun doute qu'au même moment cesseront toute violence et toute destruction. Votre âme recevant ce que lui dicte votre Esprit, vous agirez enfin selon votre ressenti intime à l'intérieur de vous au lieu de faire ce que vous dictent vos yeux à l'extérieur qui, à l'image du nuage, ne fait que passer.

Votre transformation offrira un monde meilleur pour tous, effaçant du jour au lendemain les affres du pire des mondes que nous avait valu la *civilisation*. Votre transformation réintroduira le rire, la joie et l'humilité dans vos relations qui à leur tour vous rendront pleinement heureux. Après tout, ne sommes-nous pas en vie pour l'être ?

Vous ne serez plus jamais seuls car vous vous serez naturellement tournés vers les autres, vous ne dépendrez plus des machines non plus, en un mot vous n'aurez plus l'impression de vivre sur une autre planète parce que vous aurez su choisir de vivre votre Vie, centrés, enracinés et équilibrés.

Nous serons sortis du piège infernal, nous aurons tous gagné notre droit de vivre, nous aurons sauvé la Terre.

Épilogue

La terre n'appartient pas à l'homme; l'homme appartient à la terre. Chaque aiguille de pin luisante, chaque lambeau de brume dans les bois sombres, chaque clairière et chaque bourdonnement d'insecte est sacré dans le souvenir et l'expérience de mon peuple. Comment pouvez-vous acheter ou vendre le ciel, la chaleur de la terre ? Si nous ne possédons pas la fraîcheur de l'air et le miroitement de l'eau, comment pouvez-vous les acheter ? L'homme blanc traite sa mère, la terre, et son frère, le ciel, comme des choses à acheter, piller, vendre, comme les moutons ou les perles brillantes. Son appétit dévorera la terre et ne laissera derrière lui qu'un désert. La vue de vos villes fait mal aux yeux de l'Homme Rouge. Mais peut-être est-ce parce que l'Homme Rouge est un sauvage et ne comprend pas. Il n'y a pas d'endroit paisible dans les villes de l'Homme Blanc. Nul endroit pour entendre les feuilles se dérouler au printemps, ou le froissement des ailes d'un insecte. Le vacarme semble seulement insulter les oreilles. Et quel intérêt y a-t-il à vivre si l'homme ne peut entendre le cri solitaire de l'engoulevent ou les palabres des grenouilles autour d'un étang la nuit ? Je suis un Homme Rouge et ne comprends pas...

Paroles du chef Seattle
Angers, Résidence Montesquieu, le samedi 19 avril 2008, 9:00 heures...

Je viens à nouveau de déménager. J'ai quitté Pont-L'Abbé pour venir m'installer à Angers, où ma fille Gabrielle est rentrée en Sixième[4]. Je n'ai jamais arrêté de suivre l'enseignement des

4 Se reporter à mon autobiographie: *Je suis un Maasaï*, 2007, aux éditions Arthaud.

Maasaï. Le fossé entre le dire et le faire a quasiment disparu, et les coïncidences troublantes se sont multipliées.

Même si le temps que je passe désormais au Kénya ne penche pas encore suffisamment du côté que je souhaite, la magie de la Vie n'a plus cessé de m'apporter toute la plénitude dont vient de vous parler Kenny.

Et son lot de divines surprises, ajouterai-je !

A peine me suis-je acclimaté à la douceur angevine que je suis tombé sur un livre qui analyse dans le détail les origines égyptiennes des Maasaï[5].

Un lien dont Kenny n'avait fait jusqu'ici qu'évoquer l'évidence, mais qui me remit instantanément en mémoire la force énigmatique de deux épisodes vécus avec lui.

C'était fin 2003. Kenny était venu en Europe donner un cycle de conférences. Nous circulions en voiture, et Marc Bernol, le parrain de ma fille qui en la circonstance nous servait de chauffeur, lui avait lancé:

tu ne crains pas le soleil ? alors que Kenny lui avait arrêté sa main qui allait abaisser le pare-soleil.

—*Non,* lui avait-il répondu, *j'en ai besoin pour me recharger, comme l'essence que tu mets dans ta voiture !*

Marc, comme un cri jailli de la conscience, avait poursuivi:

5 Messod et Roger Sabbah: *Les secrets de l'Exode. L'origine égyptienne des Hébreux,* Ed. Jean-Cyrille Godefroy, 2000.

je pressens que tu as été un pharaon dans une autre vie, les Egyptiens étaient admirablement synchronisés avec la pulsation vibratoire et énergétique du soleil, qu'ils appelaient Amon-Rê ...

Laconiquement, Kenny s'était empressé d'ajouter *je sais que des Maasaï ont été des conseillers des pharaons... Prier en maa se dit aomon...*

Un autre jour, chose plus étrange encore, à propos de la connexion égyptienne des Maasaï, et alors que nous faisions une pause dans un restoroute, une petite fille, surgie de nulle part, s'était littéralement ruée sur Kenny pour se blottir sans bouger pendant de longues secondes au creux de son épaule, bientôt suivie par son père, sa mère, son grand-père, sa grand-mère, ses frères, ses sœurs, ses oncles, ses tantes... qui formèrent un cercle autour de lui et se prosternèrent à ses pieds... Ils étaient Egyptiens !!!

Là, comme dans tous les puissants messages de Kenny que je viens de retranscrire pour vous, j'ai été plus que troublé par l'incroyable similitude entre les traditions majeures de l'Ancienne Egypte et l'éthique orale maasaï des aînés à jamais fondée sur la Présence divine, l'amour de la Vérité, le profond dégoût pour le mensonge, le faux témoignage et la convoitise, le respect dû aux parents et aux anciens, l'hommage quotidien à la Beauté de la nature et à son enchantement, le constant remerciement individuel à Dieu pour les bienfaits et surtout les épreuves personnelles sur terre...

L'urgence aujourd'hui n'est-elle pas que comme les Maasaï,

comme Kenny, et comme moi, oserai-je affirmer, vous acceptiez enfin de faire un pas, un tout petit pas, pour vous transformer ? Dans la confiance totale et la joie d'Etre reliée, un retour à la Vie !

Table

Association « Retour à la Vie »

Sauvons-nous, sauvons les Maasaï, sauvons la Terre…

Soyez nombreux à nous rejoindre, adhérez à « Retour à la Vie » : www.xavierperon.com

Nous nous sommes fixé trois objectifs :

- Le premier objectif de « Retour à la Vie » n'est rien de moins que de sauver les Maasaï. Aujourd'hui, les Maasaï, mémoire vivante de « développement durable » et de Spiritualité agissant écologiquement, sont menacés dans leur survie. Victimes au temps de la colonie, de la plus grande spoliation foncière de toute l'histoire de l'Empire colonial britannique, ces pasteurs du Kénya sont à nouveau victimes d'une ruée sans précédent sur leurs derniers pâturages, jadis pourtant les meilleurs du monde, pour les transformer en serres géantes de fleurs et en élevages en batterie… « Retour à la Vie » entend racheter des terres pour les restituer aux Maasaï et en faire des réserves sensibles en périodes de sécheresse. Il y a urgence. Connus en tant que gardiens naturels de l'environnement (ils vivent au cœur de la faune sauvage la plus riche de la planète ; s'ils disparaissent, la faune disparaîtra également), les pasteurs maasaï sont méconnus pour leur apport Humaniste essentiel qui devrait être universel, à savoir que le respect de la nature passe par l'équilibre de Soi. C'est la raison pour laquelle il faut pas moins de vingt années d'Initiation pour être reconnus chez eux comme des Etres à part entière. Aujourd'hui, les nouvelles générations vont à l'école. En conséquence de quoi, la transmission de leur culture unique et de leur Spiritualité est gravement compromise. Pour y remédier, Kenny Matampash ole Meritei, porte-parole des Maasaï, organise des sessions d'Initiation à chaque vacance scolaire. « Retour à la Vie » consolide son approche en créant chez lui à Indupa (Kénya) « l'Ecole des Mystères de la Vie ». Son architecture est celle d'un village obéissant à leurs règles de la géométrie sacrée, entièrement végétale et circulaire, ses classes de cours sont la nature elle-même, avec ses ressources, sa beauté mais aussi ses dangers.

- Le second objectif est d'éveiller l'Occident à l'unité intérieure de l'Etre, source de bonheur pour tous et d'harmonie avec l'extérieur. Pour les Maasaï, c'est parce que nous sommes déséquilibrés, trop dans le mental, toujours à ressasser, que nous devenons destructeurs et inefficaces dans la vie. Xavier Péron et Kenny Matampash, forts de l'extraordinaire équilibre qu'ils ont retiré de leur Initiation maasaï, mettent ainsi leur expérience de toute une vie au service du rééquilibrage intérieur des Occidentaux. Ils organisent chez Kenny des ssessions pratiques d'une semaine de Reliance à l'Etre et à la nature sauvage, destinées en particulier aux chefs d'entreprises et à leurs cadres afin qu'ils découvrent par eux-mêmes d'autres paramètres que ceux de la rationalité économique basée sur la rentabilité à court terme. En France, Xavier Péron anime quant à lui des ateliers de Spiritualité maasaï à l'usage des Occidentaux.

- Le troisième objectif est de créer une "École des Savoirs Premiers et des Regards de l'Autre". Tandis qu'on veut imposer aux nations le modèle occidental d'un « nouvel ordre mondial », et tandis que se répand à travers les peuples, une seule « culture de marché », il est grand d'être attentif aux savoirs et aux regards de l'Autre, c'est-à-dire aux savoirs at aux paroles de celui qui ne pratique pas encore les mêmes jeux de langage, les mêmes jeux formels, afin de nous enrichir intérieurement de l'identité que nous en recevrons. Une fois que les travaux de l'ONG « Retour à la Vie » auront montré au monde que les Maasaï et les peuples premiers en général, loin d'être perçus comme des populations fossiles, incarnent au contraire un recours, une énergie vitale, un second souffle, nous jetterons les bases d'un échange fructueux, en France, en créant une « Ecole des Savoirs Premiers et des Regards de l'Autre ». A leur tour, les « professeurs » maasaï et autres représentants des peuples premiers venus nous éveiller à l'osmose originelle, se feront élèves, en recevant un enseignement distancié, qui leur fera saisir, sous des angles très divers, les tendances pernicieuses à l'œuvre en Occident, de telle sorte à leur donner une certaine idée de la civilisation moderne, et à les protéger contre les deux fléaux majeurs de la modernité qui guettent les sociétés traditionnelles : l'adapatation docile, voire caricaturale, à notre modèle occidental, ou son rejet le plus hostile.

Conception graphique : Marc Bernol
Mise en page : Ouestélio

Achevé d'imprimer à Ouestélio
Peurvoullet e ti Ouestelio
505, rue/straed Jurien de la Gravière - 29200 Brest
Tél./Pg : 02 98 44 68 23
E-mail/Post-mel : infos.clients@ouestelio.fr

Mars 2009 / Miz Meurzh 2009

www.ouestelio.fr